Auf der Suche nach Gott

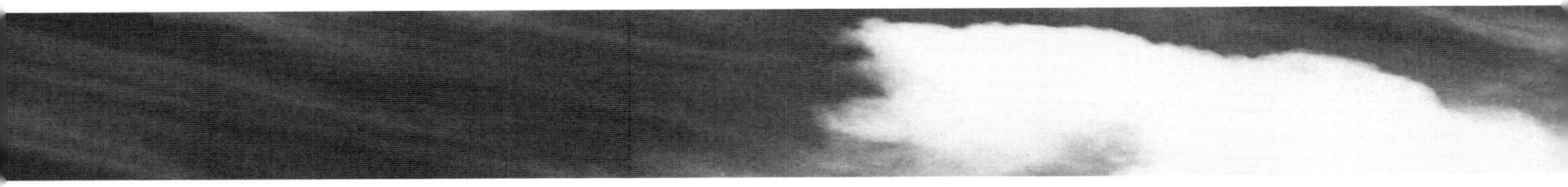

GABY VON THUN

Auf der SUCHE nach GOTT

Mit Fotos von Volker Hinz

Wunderlich

1. Auflage September 2004

Fotonachweis siehe Seite 190
Layout Angelika Weinert
Satz Minion und Akzidenz Grotesk PostScript
QuarkXPress 4.1 bei KCS GmbH, Buchholz/Hamburg
Druck und Bindung Clausen & Bosse, Leck
Printed in Germany
ISBN 3 8052 0789 1

VORWORT 9

PAULO COELHO 10

WARIS DIRIE 17

FRANZ BECKENBAUER 24

ZUBIN MEHTA 31

SENTA BERGER 38

SIMON VERHOEVEN 49

REINHOLD MESSNER 56

NINA RUGE 65

ROBERT THURMAN 72

HAPE KERKELING 77

CAROLINE LINK 82

CARL FRIEDRICH
VON WEIZSÄCKER 91

XAVIER NAIDOO 94

CHRISTA MAAR 101

NINA HAGEN 106

ABT GREGOR ZASCHE 115

OTTO VON HABSBURG 120

SUNNYI MELLES 129

THOMAS HAMPSON 134

PENNY MCLEAN 143

WOLFGANG JOOP 150

ABI OFARIM 157

DIANA SANDMANN 162

TOM JACOBI 169

EUGEN DREWERMANN 177

DANK 189

Ich danke
meinem geliebten Friedrich,
ohne den dieses Buch niemals
entstanden wäre.

VORWORT Es war ein langer Weg, bis dieses Buch endlich das Licht der Welt erblickte.
Ich war über zwanzig Jahre erfolgreich in der Modebranche tätig, aber die tägliche Beschäftigung mit dem Äußerlichen erschien mir immer sinnloser. Natürlich will auch ich jung und schön sein, aber es kann doch nicht der Inhalt eines ganzen Lebens sein, ob gerade bauchfrei oder die Farbe Flieder angesagt ist ...

Im Grunde war ich schon immer eine Suchende. Als ich noch jünger war, ließ ich mich durch meine Karriere und ein turbulentes Leben ablenken. Aber ich habe mich immer gefragt: «Was ist der Sinn meines Lebens?» Ich versuchte es mit Psychotherapie, mit Astrologie, ich lernte Numerologie, bis ich verstand, dass alle Fragen, die mich brennend interessieren, nur mit einem spirituellen Bewusstsein erklärbar sind.

Eines wurde für mich immer klarer: Durch unsere Selbstüberschätzung und unser materielles Denken ist uns etwas Entscheidendes abhanden gekommen: der Glaube an eine höhere Kraft. Die Religion war mir zu weltfremd geworden, zu weit von den wirklichen Bedürfnissen entfernt. Religionen hatten und haben ihren Sinn. Aber sie sind von Menschen gemacht und immer wieder auf das Schlimmste missbraucht worden.

Ich begann mich also jenseits der Religion mit Gott auseinander zu setzen. Dadurch entstand die Idee zum vorliegenden Buch. Es war mir wichtig, Persönlichkeiten verschiedener Glaubensrichtungen nach ihrem Gottesbild und nach ihrer subjektiven Gläubigkeit zu befragen, also nach ihrer ganz persönlichen Beziehung zu Gott, die sich sehr oft von Traditionen verabschiedet hat und eigene Wege geht.

Ich bin überzeugt, dass Gott existiert – ein göttlicher Plan, den jeder Einzelne erfüllen sollte. Es ist aber niemals ein strafender Gott, sondern ein Gott der Liebe. Unsere Aufgabe auf der Welt ist es letztlich, lieben zu lernen. Wie schwer das ist, können wir täglich erleben.

Ich wünsche mir, dass «Auf der Suche nach Gott» für den einen oder anderen ein Anstoß ist, sich wieder mit Gott auseinander zu setzen.

Vielleicht kann dieses Buch auch einen kleinen Beitrag dazu leisten, die Frage aller Fragen zu beantworten: «Wozu sind wir hier, und welche Aufgabe haben wir zu erfüllen?»

München, im August 2004

Aber manchmal muss man GANZ ALLEIN gehen.

Der Brasilianer PAULO COELHO arbeitete lange Zeit als Songtexter und Musikredakteur, bevor er sich entschloss, einem alten katholischen Orden in Spanien beizutreten, wo er fünf Jahre lang studierte. Seither lebt er als freier Schriftsteller in Rio de Janeiro. Weltweit wurde er durch seinen Roman «Der Alchimist» berühmt.

PAULO COELHO, der Autor des weltberühmten Bestsellers «Der Alchimist» wurde einmal von einem Journalisten gefragt, wie er sich Gott vorstelle. «Ich weiß es nicht, Gott ist für mich nicht dasselbe wie für dich», antwortete er und fügte hinzu, dass es keinen Gott für alle geben kann und dass Gott etwas sehr Persönliches ist. Er selbst war neun Jahre lang auf einer Jesuiten-Schule gewesen. Dort hatte man ihm das Gottesbild der katholischen Kirche aufzwingen wollen, mit dem Ergebnis, dass er seinen Glauben fast verlor. Seitdem ist er der Ansicht, dass man in der Glaubensfindung frei sein und seinen persönlichen, direkten Kontakt zu Gott finden muss.

Er hat damit eine Erkenntnis formuliert, die bereits tief in mir geschlummert hatte. Ich habe sein Buch «Der Alchimist» in einer Phase meines Lebens in die Hand bekommen, in der ich mir gerade darüber klar werden wollte, woran ich eigentlich glaubte und wie mein Lebensweg wohl aussehen würde. Die Geschichte von Santiago, der mutig genug ist, seinem Traum nachzugehen, bis er nach vielen Umwegen seinen Schatz findet, hat mich tief beeindruckt und mir Hoffnung gegeben, auch mein Lebensziel einmal zu finden. Santiago ist kein Weiser, sondern ein einfacher Hirte, und Coelho hat einmal über seine Figur gesagt: «Das Wesentliche daran ist, dass Santiago seinen Weg weiterverfolgt und nie aufgibt. Auch wenn er nicht weiß, warum. Er tut es aus einem tiefen Vertrauen heraus. Und selbst wenn sich herausstellt, dass ein Schritt falsch war, irgendwann kommt er wieder auf die richtige Bahn zurück.» Damit meint Coelho, dass wir, wenn wir keinen Entschluss fassen, wenn wir nicht erfahren, welche Kraft unseren Entscheidungen innewohnt, in Passivität verfallen und unserem Ziel kein bisschen näher kommen können.

Wie gesagt, dieses Buch wurde für mich so etwas wie eine Bibel, und deshalb war ich in heller Aufregung, als ich im November 2002 erfuhr, dass Paulo Coelho nach München kommen sollte, um den Buchpreis «Corinne» entgegenzunehmen. Ich rief sofort meine Freundin Marie Waldburg an, die immer über alle Events in München Bescheid weiß, und erfuhr von ihr, dass Stefanie Czerny vom Burda Verlag ein Abendessen in kleinem Kreis für ihn plante. Ein Telefonat ergab das andere. Kurzum, das Wunder geschah: Ich saß den ganzen Abend neben ihm.

ER WAR GANZ ANDERS, als ich erwartet hatte. Einen Menschen seines Formats hatte ich mir eher introvertiert, vergeistigt oder eher abgehoben vorgestellt. Paulo Coelho war aber charmant und gesprächig und genoss es sichtlich, ein bisschen hofiert zu werden. Er rauchte eine Zigarette nach der anderen und machte einen sehr menschlichen Eindruck auf mich.

Auf meine Frage, ob es ihn nicht sehr glücklich mache, dass er so vielen Menschen mit dem «Alchimisten» Mut machen konnte, sagte er, das gebe ihm das Gefühl, nicht allein zu sein. Und dieses Gefühl mache ihn tatsächlich glücklich. Aber, so sagte er, das Buch sei nur ein Katalysator. Es provoziere vielleicht etwas, was bereits in den Menschen existiert, aber es verändere sie nicht.

Wir saßen in einem gemütlichen italienischen Lokal, und wir vertieften uns schnell in ein Gespräch. Ich wunderte mich, warum er nach Jahren ohne religiöse Bindung wieder den katholischen Glauben angenommen hatte. Bei Vitello Tonnato und Wein erzählte er mir, dass das ein langer Weg für ihn gewesen sei und er damit nicht sagen wolle, dass der katholische Glauben besser oder schlechter sei als andere Religionen. Letztendlich waren es wohl seine kulturellen Wurzeln, die ihn bewogen, wieder die Religion seiner Kindheit anzunehmen.

Auf meinen Einwand, wie er denn mit den strengen Regeln und Dogmen der Kirche umgehen könne, meinte er nur, er würde heute diese Dogmen freiwillig akzeptieren, so absurd sie ihm manchmal schienen, nicht weil sie ihm aufoktroyiert wurden, sondern weil er sich bemühe, vor dem Mysterium demütig zu sein.

Was ihm denn Religion überhaupt bedeute, fragte ich. Religion sei eine kollektive Form der Anbetung, sagte er. Der Anbetung, nicht des Gehorchens, das sei ihm besonders wichtig. Egal ob Buddha, Allah oder Jesus, immer zähle die Gruppe, die gemeinsam an etwas glaubt. Die Menschen fühlten sich geeinter, dem Leben gegenüber offener, sie verstünden, dass sie nicht allein und isoliert auf dieser Welt sind.

Er nippte genüsslich an seinem Rotwein und plauderte vergnügt in der Runde. Die Anwesenheit einiger attraktiver Damen schien ihn sehr zu erfreuen. Ich beobachtete heimlich den dünnen Zopf, der aus dem kurz geschnittenen Haar bis auf seinen Nacken fiel und der mich ein bisschen an die Haartracht einiger Fußballer in den 80er Jahren erinnerte.

Coelho erzählte bei der Pasta, welche Disziplin es ihn koste, ein Buch zu schreiben. Er empfange durch eine innere Stimme ununterbrochen Nachrichten. Und diese innere Stimme helfe ihm weiter, wenn die Arbeit am Buch stocke. Sie sei so etwas wie seine Intuition und er sei überzeugt, dass ihm Gott damit ein Zeichen gebe. Davon lasse er sich leiten. Auf diese Weise hätte er den «Alchimisten» innerhalb von nur zwei Wochen niedergeschrieben. Und jedes Mal, wenn ein neues Buch entstehen solle, höre er diese innere Stimme.

Die Menschen würden sich in den kommenden Jahren mehr und mehr nach Spiritualität sehnen, prophezeite er. Aber die Erforschung des Religiösen sei wie eine Fahrt auf einem unbekannten Meer: Man bekommt es mit der Angst zu tun, weil man so allein ist und eigentlich doch darauf angewiesen ist, mit anderen Seelen in Verbindung zu stehen. Aber manchmal muss man ganz allein gehen, so wie der Pilger auf dem Jakobsweg. Coelho hatte sein Buch «Auf dem Jakobsweg» noch vor dem «Alchimisten» geschrieben. Er schildert darin unter anderem sein eigenes Gefühl auf diesem Pilgerpfad, dieses Tappen im Dunkeln, diese Ungewissheit, was man entdecken wird und die Hoffnung, ein Zeichen zu bekommen, um mit Gott oder der Weltenseele, wie Coelho es nennt, in Verbindung zu treten und dadurch einen Weg zu sich selbst zu finden. Diese Zeichen zu erkennen, darum geht es im Leben.

Der Abend ging fröhlich zu Ende. Am nächsten Tag sahen wir ihn wieder, als er seinen Preis in Empfang nahm. Er hielt eine wunderbare Ansprache, und ich erinnerte mich daran, dass er mir beim Abendessen gesagt hatte, er spreche nicht gern in der Öffentlichkeit, ja, er habe sogar Angst davor. Aber diese Angst sei ein Teil seiner Reise, und daher überwinde er sie.

Ich vereinbarte mit Coelho, dass ich ihn am nächsten Tag vom «Bayerischen Hof» abholen würde, um ihn zum Flugplatz zu begleiten.

Wir saßen zu dritt im Taxi, seine spanische Agentin vorne und wir beide hinten.

Ich bombardierte ihn sofort mit Fragen, aber er winkte sehr bestimmt ab und meinte, er müsse erst ein Gebet sprechen. Dann schloss er die Augen. Fünf Minuten lang herrschte Schweigen. Coelho betet täglich vor dem Schlafengehen, nach dem Aufwachen und wenn er auf Reisen geht. Dann bittet er Gott darum, ihn gesund zurückkehren zu lassen.

Unser ganzes Leben sei eine Reise, sagte er nach seinem Gebet, die Stationen seien vorbestimmt, wie bei einer Bahnfahrt. Dennoch habe jeder die Wahl, ob er in der ersten oder in der zweiten Klasse reisen oder ob er die ganze Fahrt im Waschraum zubringen möchte. Im Zug könne sich jeder frei bewegen, jeder könne die Reise genießen oder sich über alles ärgern. Nur verlassen könne er den Zug nicht.

Ich finde, dass dies ein wunderbarer Vergleich ist. Wir haben viele Möglichkeiten in unserem Leben, wir können viele Entscheidungen treffen, aber eben nicht alle. Der Lebenszug fährt unbeirrt auf festen Gleisen an sein vorbestimmtes Ziel.

Ich fragte Paulo Coelho, ob er an Schutzengel glaube. Er lächelte und deutete auf den Friedensengel, an dem wir gerade vorbeifuhren: «Sie sind überall». Coelho meint, dass jeder einen Schutzengel habe, ob er nun daran glaube oder nicht. Viele Menschen verbauten sich diese Vorstellung, weil sie eine Kreatur mit Flügeln erwarten. Aber ein Schutzengel könne sich in vielerlei Gestalten manifestieren, auch auf ungewöhnliche Art und Weise. Ich dankte dem Friedensengel, der golden durch die Bäume schimmerte, dass er uns gerade im richtigen Augenblick erschienen war.

Aber hat denn Coelho gar keine Glaubenszweifel mehr? Er zögerte keinen Augenblick mit der Antwort. Man könne nicht Mensch sein, ohne immer wieder zu zweifeln, sagte er dann, «ich jedenfalls bin voller Zweifel.» Unsere moderne Welt mit den vielen Ablenkungen hindere viele daran, sich auf Gott zu besinnen. Man geht über die Straße, und wenn man drüben angekommen ist, ist der Glaube schon wieder verloren gegangen.

Er frage oft weise Menschen nach dem Sinn des Lebens, fuhr er fort. Es sei ihm klar, dass wir darüber erst etwas erfahren, wenn wir Gott gegenübertreten und er uns fragt, ob wir genug geliebt haben. Und dann werden wir mit ja oder nein antworten müssen. Aber bis zum Sterben sind wir voller Zweifel, sonst wären wir ja allwissend: Wir würden durch eine sichere Welt ohne Ängste und Kriege gehen, aber wir wären unbeweglich. Und er schloss mit der überraschenden Bemerkung, er hoffe, seine Zweifel bis zu seinem Tod nicht zu verlieren.
Wir kamen viel zu schnell am Flughafen an, ich hätte noch tausend Fragen gehabt, aber Coelho musste zu seiner Maschine. Er verließ mich mit einem Zitat von Mahatma Gandhi: «Die erste Eigenschaft des spirituellen Suchens ist Mut. Sei mutig, schau dich selbst an, dann wird sich Gott auch dir zeigen.»
Wir umarmten uns, und er eilte davon. Ich sah ihm nach, wie er auf seinen Schuhen mit den hohen Absätzen, die wohl seine geringe Körpergröße ausgleichen sollten, und seinem wehenden roten Schal am Ende der Halle verschwand.
Ich musste lächeln. Auch ein Weiser und in meinen Augen nahezu Erleuchteter ist nicht gegen eine so menschliche Eigenschaft wie die Eitelkeit gefeit…
Ich nahm mein Exemplar des «Alchimisten» aus der Tasche, schlug es auf und las seine Widmung:
«Love is the road.» Wie Recht er hat!

PS: Niemals hatte ich bisher daran gedacht, mich schriftstellerisch zu betätigen. Erst als ich den «Alchimisten» gelesen hatte, entstand in mir allmählich die Idee, meine eigene spirituelle Suche nach Gott in einem Buch festzuhalten.
Niemand aus meiner näheren Umgebung hatte mir ein solches Projekt zugetraut, zuallerletzt ich selbst. Und doch begann ich jetzt diese Vision zu realisieren. Trotz vieler Hindernisse habe ich nicht aufgegeben und bin beharrlich meinen Weg gegangen. Vielleicht kann ich damit auch anderen Menschen Mut machen.

All diese UNGERECHTIGKEITEN, der Schmerz …

WARIS DIRIE, geboren irgendwann in den 60er Jahren in Somalia, floh vor einer Zwangsheirat nach England, wo sie als Model entdeckt und weltberühmt wurde. Sie ist Bestsellerautorin («Wüstenblume», «Nomadentochter») und kämpft gegen das grausame Ritual der Beschneidung von Mädchen in ihrer Heimat und in anderen Ländern.

WARIS DIRIE Sie lag am Rand des Schwimmbeckens auf einem weißen Handtuch, tiefschwarz und wunderschön. Ihre Augen waren geschlossen, und ich wagte es kaum sie anzusprechen. Sie blieb völlig entspannt liegen und meinte, wir könnten doch gleich hier mit dem Interview beginnen.
Wir befanden uns in einem Hotel in Düsseldorf, in dem an diesem Abend eine Wohltätigkeitsveranstaltung der UNESCO stattfand.
Waris Dirie liebt das Gluckern von Wasser, sie kann stundenlang nur so daliegen und den Wellen lauschen. Wasser bedeutet für sie Leben, Luxus. Aber für mich bedeutete es dort an dem Hotelpool leider nur ein Nebengeräusch auf meinem Tonband. Deshalb bestand ich darauf, an einen anderen Ort zu gehen, irgendwohin, wo es ruhig war. Sie führte mich quer durch das ganze Hotel zu ihrem Zimmer – barfuß. In ihrem beeindruckenden Buch «Nomadentochter» beschreibt sie, wie unangenehm es für sie war, als sie mit fünfzehn Jahren ihre ersten Schuhe bekam und sich erst an sie gewöhnen musste.
Waris Dirie hat ein ungewöhnliches Schicksal hinter sich. In der Wüste aufgewachsen, dann erfolgreiches Supermodel, ist sie heute Unesco-Botschafterin. Sie setzt sich gegen die brutale Beschneidung von Frauen ein, die sie selbst am eigenen Leib erfahren musste.
Ich bin kein sehr ordentlicher Mensch, aber die Unordnung in ihrem Zimmer war bemerkenswert. Ihr war das überhaupt nicht peinlich, sie räumte einfach ein paar Kleider zur Seite und setzte sich entspannt in ihrem Bademantel mir gegenüber. Ich bin selten einem Menschen mit einer so einfachen und geraden Lebensauffassung begegnet. Bei dem Wort Wüste begannen ihre Augen zu leuchten, und sie erzählte, wie glücklich sie in ihrer Jugend war. Und wie schwer es ihr gefallen war, ihrem Vater, der sie für fünf Kamele an einen Mann verkaufen wollte, zu widersprechen und in eine unbekannte Welt zu entfliehen. Jetzt verstehe ich, warum man sie «Rebellin der Wüste» nennt.

Welche Erinnerungen aus Ihrer Kindheit als Nomadenmädchen sind bei Ihnen heute noch am stärksten präsent?

O Gott … ich habe sehr viele Erinnerungen. Das Leben in Somalia war ein freies, ein einfaches Leben. Der Himmel war endlos und die Sterne so hell und klar, dass man glaubt, man könne sie berühren. Meine Mutter konnte die Sterne lesen, und sie konnte Geschichten über sie erzählen. Wunderschöne Geschichten. Als ich ein Kind war, legten wir uns am Abend, wenn es dunkel wurde, auf die Erde und schauten in den endlosen Himmel. Kein anderes Licht war da, als die strahlenden Sterne. Wir lagen im Sand und beobachteten das Firmament. Es herrschten tiefer Frieden und endlose Freiheit. Die Landschaft, in der wir lebten, war von großer Schönheit.

Ich musste auf die Ziegen aufpassen. Ich kannte sie alle mit Namen und konnte sie schon von weitem an ihren Bewegungen erkennen, so wie Eltern ihre Kinder. Ich würde heute noch alle Bäume, alle Pflanzen wieder erkennen. Ich weiß, welcher Baum welche Früchte trägt, welche Pflanze oder welche Wurzel heilen kann. Ich weiß, wie die Wolken aussehen, wenn es bald regnen wird, oder ein Sturm kommt, der so stark sein kann, dass er Menschenleben fordert. Diese Gerüche werde ich nie vergessen! Die Wüste, den Sand. Für Nomaden bedeutet ein Leben in der Wüste natürlich auch Mühsal im täglichen Überleben, die Suche nach Wasserstellen, die Sorge um kranke Tiere.

Sie haben im Laufe Ihres Lebens immer wieder großen Mut bewiesen. Woher haben Sie die Kraft?

Auf dieser Welt geschehen viele schreckliche Dinge. Aber wir alle können etwas dagegen tun, denn wir leben ja in dieser Welt. Es gibt einen Grund dafür, dass wir hier sind. Wir sind nicht zufällig gekommen oder grundlos vom Himmel gefallen. Wir haben eine Aufgabe. Jeder Einzelne von uns. Ich kämpfe gegen etwas, das mir selbst geschehen ist und das mich sehr, sehr zornig macht. Das ist zwar nur ein Bruchteil dessen, was in der Welt an Schrecklichem passiert, aber ich sagte zu mir: Was kannst du selbst dagegen tun, warum dürfen solche Dinge geschehen?

Sie sprechen von der Beschneidung, die in vielen afrikanischen Ländern noch heute an Tausenden von Mädchen durchgeführt wird.

Ich rede nicht gerne darüber, denn jedes Mal, wenn ich daran denke, fange ich an zu zittern.

Da war diese Hexe. Ich nenne sie Hexe, aber sie war eine professionelle Beschneiderin. Eine alte, schmutzige Frau. In der Hand hielt sie eine Rasierklinge, an der noch das getrocknete Blut des kleinen Mädchens klebte, das vor mir dran war. Ich spreizte die Beine und hörte auf zu denken. Die Frau hat nicht nur meine Klitoris weggeschnitten, sondern auch meine kleinen Schamlippen. Das habe ich erst später erfahren. Dann hat sie alles fest zugenäht und mich am Boden liegen lassen.

Einen Monat lang waren meine Beine festgebunden, damit ich nicht aufstehen konnte. Meine Haut verfärbte sich schwarz, blau und gelb. Nach drei Wochen fand meine Mutter jemanden, der die Naht etwas öffnete. Ich habe noch zwei Monate nach der Beschneidung geblutet. Ich wäre beinahe daran gestorben. Eine meiner jüngeren Schwestern und zwei Cousinen sind daran gestorben.

Ich habe sehr viel durchgemacht in meinem Leben. Manchmal dachte ich, das ist jetzt das Ende, und dann geschah ein Wunder und Gott half mir. Er rettete mich immer wieder.

Ist diese Beschneidung ein religiöses Ritual?

Nein. Niemand weiß, wann das begonnen hat, das war sehr lange vor Ihrer und vor meiner Zeit. Es ist ja nicht so, dass so etwas geschehen muss, weil man sonst nicht lebensfähig wäre. Und es hat nichts mit Religion zu tun. Nichts mit dem Koran oder der Bibel. Männer haben dieses Mittel erfunden gegen die sexuelle Lust der Frauen. Wunderschönen und kerngesunden Frauen wird so etwas angetan.

Ihr Vater ist nach Ihrer Flucht Ihren Fußspuren in der Wüste gefolgt. Können Sie heute sagen, dass Sie Spuren in Ihrem Land hinterlassen haben?

Ja. Ich glaube schon. Ich kann sagen, dass ich eine kleine Spur hinterlassen habe. Seit ich meine Tätigkeit als Unesco-Botschafterin aufgenommen habe, ist die Beschneidung in vierzehn afrikanischen Ländern verboten worden. Ich hoffe, ich werde weiter erfolgreich sein.

Welcher Religion gehörten Ihre Eltern an?

Wir waren alle Moslems. Meine Eltern haben mich gelehrt, dass Gott kein Wesen mit einem Gesicht oder einem Körper ist, sondern ein großer Geist, eine große Kraft. Und er ist immer gut, egal was geschieht. Er vergibt dir immer, wenn du darum bittest.

Du bist auf der Erde, um hier dein Leben zu leben. Und wenn du das Glück hast, hier sein zu dürfen, dann lebe es in Freundlichkeit und Güte. Und teile mit anderen. Füge niemandem Schmerz zu. Wenn du diese Regeln erfüllst, gibt es nichts Größeres.

Solange du niemandem Schaden oder Schmerz zufügst, wirst du das Leben so leben können, wie es gemeint ist. Jedes Lebewesen, ob Ameise oder Blume, alles was wächst, trägt Leben in sich. Du hast kein Recht, Leben zu zerstören.

Alles ist eins, die Menschen, das Land, die Natur. Eines funktioniert nicht ohne das andere. Jeder Tag ist wie ein Atemzug. Mach dir nicht zu viele Sorgen. Alles was du tun kannst, ist, mit deiner ganzen Seele und deinem ganzen Herzen zu beten. Und dann wartest du auf das, was geschehen wird. Diese Einstellung vermisse ich hier, in diesem Teil der Welt.

Hier ist alles geplant. Ich kann mich erinnern, als ich das erste Mal eine Wettervorhersage sah: Morgen wird das Wetter so, und die Temperaturen der kommenden Woche werden so. Ich dachte, diese Menschen sind doch nicht Gott. Wie wollen sie das alles so genau wissen? Wie ist das möglich? Sie können nicht wissen, was morgen geschieht.

Die Welt meiner Heimat und die Welt hier sind sehr, sehr verschieden voneinander.

Wie und wofür haben Sie als Kind gebetet?

Als kleines Kind kann man nicht bewusst beten. Man bittet vielleicht Gott mit ganzem Herzen um bestimmte Dinge: Gewähre mir dies oder das. Heute heißt Beten für mich: Danke zu sagen. Danke, dass ich noch einen Tag leben darf. Danke für alles. Es gibt so vieles, was wir Menschen als selbstverständlich hinnehmen.

Ganz am Anfang meiner Karriere bin ich in London von einem Mann angesprochen worden, der mich fotografieren wollte, oben ohne. In meinem Kopf tobte ein Sturm. Man hatte mir erklärt, das sei eine große Chance und ich müsse deshalb mit niemandem ins Bett. Da habe ich ja gesagt. Dieser Tag hat mein Leben verändert. Ich kann Gott für seine Hilfe nichts zurückgeben, aber ich kann mich bei ihm bedanken.

Können Sie also sagen, dass Sie dankbar sind für alles, was Sie erlebt haben, obwohl doch vieles so schrecklich war?

Es gibt viele Menschen, die sehr viel Pech haben in ihrem Leben. Es stirbt ein geliebter Mensch, jemand ist blind, wieder ein anderer ist missgestaltet oder behindert. All diese Ungerechtigkeiten, der Schmerz … Gott hat einen Grund dafür.

Ich bin dankbar, am Leben zu sein. Gesund zu sein. Alles das tun zu können, wozu Gott mich bestimmt hat.

Wenn ich am Morgen aufstehen würde und ich wüsste, dass ich etwas Unrechtes tun werde, dann kann doch daraus nichts Gutes entstehen. Worin liegt also der Sinn des Schlechten? Sei gut! Es tut nicht weh. Es kostet keine Mühe.

Es gibt Menschen, die am Morgen aufstehen und ganz bewusst und voller Absicht sagen: Heute werde ich jemanden töten. Heute werde ich ein Gebäude in die Luft sprengen. Solche Menschen gibt es. Ich habe überhaupt keine Vorstellung davon, wie ein menschliches Wesen so eine Entscheidung fällen kann. Wer hat ein solches Herz, eine solche Seele, um so etwas zu planen? Ich weiß es nicht. Jeder kann doch selbst die Entscheidung fällen, welches Leben er leben will.

Ich weiß nicht, was nach diesem Leben mit uns geschieht. Ich glaube jedoch, dass wir alle einen Preis zu bezahlen haben. Auch nach dem Tod. Die Art, wie wir unser Leben gelebt haben, hat einen Preis, den wir hier oder nach dem Tod bezahlen müssen. Nichts ist umsonst. Also ist es besser, Gutes zu tun. Es ist unlogisch zu denken, man könne im Leben tun, was einem gefällt und davonkommen, ohne einen Preis dafür zu zahlen. Das glaube ich nicht. Das glaube ich einfach nicht.

In der Wüste ist Wasser ein kostbares Gut. In unserer westlichen Welt fließt das Wasser scheinbar endlos aus dem Wasserhahn. Wie gehen Sie damit um?

Mit großem Respekt und großer Liebe. Stellen Sie sich ein Leben ohne Wasser vor. Alles auf dieser Welt hat eine Beziehung zu Wasser. Wasser hat diese Macht und diese Magie. Es gibt kein Leben ohne Wasser. Deshalb habe ich manchmal Probleme, wenn ich sehe, wie Wasser verschwendet wird, wenn Wasser aus der Leitung fließt und ungenutzt im Abfluss verschwindet. Das verletzt mich. Ich drehe dann sofort den Wasserhahn ab. Manche Menschen denken, ich sei durchgedreht. Aber das bin ich nicht. Diese Menschen haben über dieses Problem noch nie nachgedacht und kennen meine persönliche Beziehung zu Wasser nicht.

In der Wüste haben Sie sich nach Sonne und Mond, nach Wind und Wolken gerichtet. Wie schwierig ist es jetzt für Sie, nach Uhr und Kalender zu leben?

Ich besitze keine Uhr. Wissen sie, wir verstehen nicht, was Zeit bedeutet. Zeit ist jede Sekunde in diesem Leben, jede Minute, jeder geschenkte

Tag. Wir berechnen Zeit nicht. Du kannst Zeit nicht zurückholen. Du kannst sie nicht festhalten und nicht anhalten. Also was für einen Sinn macht es, ihr nachzurennen? Die Zeit vergeht. Na und? Sie vergeht eben. Solange du dein Leben lebst, lebst du einfach nur im natürlichen Rhythmus des Lebens.

Sie waren Model. Sie mussten pünktlich im Fotoatelier erscheinen. Sie haben auch heute noch jede Menge Termine. Wie schafft man das ohne Uhr?

Sehr schlecht. Das ist mir immer sehr schwer gefallen. Ich lasse mich wecken, oder jemand kommt und erinnert mich an meine Verabredungen. Ich bin immer unpünktlich. Aber nicht absichtlich. Egal wie schnell ich mich bewege, ich bin unpünktlich! Ich versuche wirklich mein Bestes, aber es funktioniert nicht. Die Zeit verfliegt so schnell, und ich kann sie nicht festhalten. Wissen Sie, ich hetze ihr einfach nicht mehr hinterher.

Sie sind Mutter und haben einen siebenjährigen Sohn. Der muss doch pünktlich in der Schule erscheinen.

Er ist in dieser Welt aufgewachsen, die sich sehr von der meinen unterscheidet. Ich musste ihn nicht zur Pünktlichkeit erziehen. Er hat es irgendwann von ganz alleine gelernt.

Ihr Sohn ist in New York zur Welt gekommen. Ihre Mutter hat Sie in der Wüste geboren.

Wenn es bei meiner Mutter wieder einmal so weit war, dass sie niederkommen sollte, ist sie allein in die Wüste gegangen. Sie hat auf diese Weise zehn Kindern das Leben geschenkt. Einmal musste mein Vater währenddessen das Lager abbrechen, um eine neue Wasserstelle zu suchen. Meine Mutter hat uns dann mit dem Neugeborenen auf dem Arm gesucht und gefunden. Ich dachte erst, hey, das kann ich auch, ich kann das Kind auch allein auf die Welt bringen, wie meine Mutter, aber dann habe ich doch den Zaubermann, den Arzt, gebraucht.

Haben Sie eigentlich eine Krankenversicherung?

Man kann sich nicht gegen den Tod versichern. Wenn die Zeit gelebt ist, nützt mir keine Versicherung mehr. Wir Moslems glauben daran, dass es eine vorbestimmte Zeit gibt, in der man leben darf. Da ist es egal, wie viele Vorsichtsmaßnahmen man trifft. Wenn ich krank bin, gehe ich zum Arzt und sage, hey, was ist los mit mir?

Aber Sie müssen doch den Arzt bezahlen, oder das Krankenhaus.

Natürlich muss ich ihn bezahlen. Ich will diese Behandlung haben, also bezahle ich dafür. Genauso, wie wenn ich in ein Geschäft gehe und etwas kaufe. Was muss ich da versichern? Ich glaube nicht an die Prognosen der Ärzte. Der Arzt sagt jemandem: Sie werden noch drei Wochen leben. Wer ist er, dass er so etwas behaupten darf? Ist er Gott? Niemand darf so etwas behaupten. Nur Gott weiß, wann die Zeit gekommen ist.

Ich glaube nicht an solche Worte aus dem Mund eines Menschen. Da kann derjenige hundert Jahre studiert haben. Ich werde ihm sagen, das ist mir egal, Sie sind nicht Gott. Sie haben vielleicht viele Bücher gelesen und erzählen mir aus diesen Büchern, aber wer schrieb diese Bücher? Menschen. Ich habe noch nicht gesehen, dass Gott ein Buch geschrieben und seine Unterschrift darunter gesetzt hätte. Also warum sollte ich ihnen glauben? Haben Sie diese wunderschöne Erde erschaffen? Nein. Na also.

Sie haben in vielen Ländern gelebt. In Afrika, in Amerika, in Europa. Wo fühlen Sie sich am wohlsten?

Mein Herz ist in Afrika zu Hause. Aber ich lebe heute in Wien. Von hier aus kann ich meine Aufgaben am besten erfüllen. Ich glaube aber nicht, dass wir zu einem einzigen Ort oder zu einem bestimmten Menschen oder zu sonst etwas gehören. Das Leben ist eine Erfahrung, und man kann keine Erfahrung sammeln, wenn man nicht unterschiedliche Situationen durchlebt oder gefühlt oder gesehen hat. Es gibt keinen Grund für mich, weshalb ich immer an einem Ort bleiben sollte. Es gibt doch noch so viele andere Orte.

In meinem Herzen bin ich eine Nomadin geblieben. Ich bin gerne frei.

Was ist das größte Problem in Afrika, Aids, Hunger oder Korruption?

Problem Nummer eins ist Aids. Alles andere folgt unmittelbar danach, Korruption, mangelnde Schulbildung, Hunger und Kriege. Alle Katastrophen, die in Afrika geschehen, haben mit der Verkettung dieser Probleme zu tun.

Afrika ist der reichste und schönste Kontinent der Erde. Es ist sehr, sehr traurig für mich, hier zu sitzen und all die schrecklichen Dinge zu hören, die in Afrika passieren.

Wenn wir Afrika nicht helfen – und es geht nicht nur um Afrika –, wenn wir ein Gebiet auf dieser Erde, das verzweifelt um Hilfe schreit, ignorieren, werden sich die Probleme früher oder später überall ausbreiten. Früher oder später sind wir dran, egal wie sehr wir uns schützen. Wir haben die Macht, wir sind reich. Die Welt benötigt ein Gleichgewicht.

Welchen Ratschlag würden Sie einem Menschen geben, Gott zu finden?

Ich würde ihm sagen: Höre auf dich selbst. Wir haben alle diese magischen Gefühle. Wenn du diesen Gefühlen folgst und hörst, was sie dir sagen, ist Gott bei dir. Tu das, was du empfindest. Versuche es zumindest einmal in deinem Leben. Es ist ein großartiges Gefühl. Es ist nicht gut, wenn man sagen muss: Ich wünschte, ich hätte das getan. Ich wünschte, ich hätte es versucht, ich hätte es gesagt. Trau dich. Hab keine Angst, egal wie schlimm die Konsequenzen sein könnten. Es werden immer gute Dinge folgen. Wirklich.

Das ist das Beste, was man tun kann. Hab keine Angst.

Die LIEBE ist der URSPRUNG unseres Lebens.

FRANZ BECKENBAUER zählte in den 60er und 70er Jahren zu den erfolgreichsten Fußballern der Welt. Als Trainer führte der «Kaiser» die Deutsche Nationalmannschaft 1990 zur Weltmeisterschaft. Mittlerweile ist der Münchener, der in Kitzbühel wohnt, einer der angesehensten Funktionäre des internationalen Fußballsports.

FRANZ BECKENBAUER Die Freundschaft zu Franz Beckenbauer war seit meiner Ehe mit Friedrich ein wenig eingeschlafen. Früher waren wir gemeinsam auf Bergtouren, haben Golf gespielt und gemütliche Abende verbracht. Aber Freunde von Franz sagen über ihn, «einmal Freund, immer Freund».
«Ja freilich, komm vorbei», sagte er also spontan, als ich ihn anrief. Es war Ende 2003. Franz befand sich gerade in einer schwierigen Lebensphase. Er hatte sich von seiner Frau Sybille getrennt. Nachdem er ihr das Haus in Kitzbühel vorübergehend überlassen hatte, musste er über Weihnachten und Silvester mit seiner neuen Frau Heidi Burmeister und seinen Kindern im Hotel logieren. «Wennst net daheim sein kannst, wirst schwermütig», sagte er zu mir, als ich ihn beim Stangl-Wirt in Going besuchte. Ja, auch Kaiser erleben schwere Zeiten.
Wir saßen allein in einem Nebenzimmer, was ein kaiserliches Privileg war – immerhin waren Feiertage, und die Hotels brechend voll. Ich erzählte ihm von meinem Projekt, und um ihm ein bisschen zu imponieren, erwähnte ich, dass ich bereits einige bedeutende Vertreter der internationalen geistigen Elite zu diesem Thema interviewt hätte. Als ich stolz begann, Namen aufzuzählen, unterbrach er mich und lachte: «Ah so, und jetzt brauchst auch noch einen Normalen ... also los, auf geht's.»

Lieber Franz, du scheinst unter einem Glücksstern geboren zu sein. Sagst du auch manchmal: «Danke, lieber Gott, für diese außergewöhnliche Karriere und mein schönes Leben?»

Freilich. In 99 von hundert Fällen sind meine Gebete ein Dankeschön. Ich bin dankbar, leben zu können. Mein Leben war von vielen glücklichen Umständen begleitet. Gut, die paar Tiefschläge, die man kriegt, die müssen wohl auch sein. Aber im Großen und Ganzen bin ich sehr dankbar.

Die meisten Menschen fangen ja das Beten an, wenn sie in Not sind. Betest du auch, wenn du etwas haben willst?

Nein. Jedenfalls nicht in dem Sinne, dass ich bei einem Spiel Bayern gegen Milan sage: Bitte, lieber Gott, wir brauchen drei Punkte ... Die bekommt man so bestimmt nicht.

Hast du denn ein Lieblingsgebet?

Nein ... – abgesehen vielleicht vom Vaterunser. Meine Gebete sind mehr Dialoge. Manchmal kommt auch was zurück, das glaube ich zumindest. Auch wenn so ein stiller Dialog nicht immer gelingt.

Alles in allem hast du aber einen guten Draht zu Gott ...

Doch, schon, das denke ich zumindest. Das bestätigen mir ja auch meine Gebete. Ich bete sehr viel, aber nicht regelmäßig: Es kann sein, dass ich am Tag zehn Mal bete und dann mal wieder ein paar Tage gar nicht. Ich bete nicht, weil ich etwas brauche, sondern weil ich mich einfach bedanken möchte ... für unsere Schöpfung zum Beispiel. Schau dir doch nur den Wilden Kaiser hier an: Diesen Anblick habe ich schon viele hundert Mal gesehen, aber es fasziniert mich immer noch, wenn die Sonne draufscheint oder Schnee da oben glänzt ... So etwas Schönes muss doch von irgendjemandem erschaffen worden sein ... Für mich persönlich muss das alles irgendwo einen Anfang, einen Ursprung gehabt haben. Und ich glaube, dass dieser Ursprung göttlich ist. Nicht, dass da oben einer sitzt hinterm Mond mit einem weißen Bart und auf uns herunterschaut. Aber diese Kraft, die das Universum und auch die Erde entstehen ließ, die ist da. Und diese Kraft ist für mich Gott.

Wie findest du zu deiner Konzentration? Meditierst du?

Nein. Nie. Diese Konzentrationsfähigkeit hatte ich immer schon. Das kommt vielleicht von meinem Beruf als Fußballprofi. Da muss man sich unheimlich konzentrieren auf jede Situation, auf das Wesentliche. Möglicherweise habe ich dadurch die Konzentration gelernt. Ich bin jedenfalls nie in einen Meditationskurs oder so was gegangen.

Hörst du eine innere Stimme?

Nein. Dafür höre ich auf die Stimmen um mich herum ... Beratung hole ich mir lieber von außen.

Glaubst du an Schutzengel?

Natürlich. Ich hab nicht nur einen, sondern mindestens zwei oder drei. Ich verleih sie auch hin und wieder. Ich sag dann: Pass auf, jetzt gehst du da- und dorthin. Zack, ist er weg und lässt seine Kameraden zurück. Aber Spaß beiseite: So etwas wie Schutzengel gibt es bestimmt.

Du warst ein sehr erfolgreicher Trainer.

Was hast du deinen Spielern mitgegeben, um ihr Inneres zu stärken?

Die Fähigkeit, sich auf das Wesentliche zu konzentrieren und vor allem den Glauben an sich selbst. Das nötige Selbstvertrauen. Dass sie alles herausholen, was in ihnen steckt. Man kann jedes Spiel verlieren, die Frage ist nur, wie man es verliert. Wenn man es durch Überheblichkeit oder Nachlässigkeit verliert, dann wird man bestraft. Aber wenn man alles gibt und der andere ist trotzdem besser, dann hat man wirklich verloren. Dann kann dir keiner einen Vorwurf machen. Du hast dann alles versucht und kannst allen gerade in die Augen schauen.

Aber du hättest niemals zu deinen Spielern gesagt: Betet.

Nein, mit Sicherheit nicht.

Sind verschiedene Glaubensrichtungen in einer multikulturellen Mannschaft ein Problem?

Nein – ich denke, das ist kein Thema. Da spielen Christen neben Mohammedanern, aber jeder toleriert, jeder respektiert den anderen. Das ist ja das Schöne. Ich glaube, das Geheimnis einer Mannschaft ist die Toleranz. Wen sollte es stören, wenn einer seinen Teppich in der Kabine hinhaut und fünf Mal gen Mekka betet? Mich stört das jedenfalls nicht.

War das bei euch so?

Wir hatten den Ali Dai, einen Iraner, der streng nach seinem Glauben lebt. Der ist immer mal kurz rausgegangen und hat ein Handtuch oder einen Teppich dabei gehabt. Irgendwo hat er dann gebetet, aber darüber hat sich keiner lustig gemacht. Es ist für mich wichtig, meine Mitmenschen zu tolerieren.

Wie hast du persönlich deine Ängste überwunden?

Ich hab nie richtig Angst gehabt. Vor was sollte ich wirklich Angst haben? Ich weiß, dass ich nicht zweihundert Jahre alt werde, dass ich irgendwann das Zeitliche segne. Also wovor soll ich Angst haben?

Zum Beispiel vor dem Versagen ...

Ich habe ja vorhin gesagt: Die Angst zu versagen gibt es nicht bei jemandem, der sein Bestes versucht, der sich auch bestmöglich vorbereitet hat. Auch wenn man alles gibt, alles tut, man kann nicht immer gewinnen. Aber deswegen versagt man doch nicht, denn man hat ja sein Bestes gegeben.

Was ist mit der Angst vor dem Tod?

Hab ich bis jetzt noch nicht gehabt, nein. Im Flugzeug, gut, da gab es ein paar Mal ... sagen wir mal, ein gewisses Unbehagen. Aber keine Angst. Und selbst wenn mir noch etwas Tragisches passieren sollte, wird sich dadurch an meiner Grundhaltung zu Gott möglicherweise nichts ändern. Möglicherweise – aber ich weiß es halt nicht. Man weiß nie, wie man reagiert, wenn der Fall dann eintritt.

Haben dich deine Eltern religiös erzogen?

Ich denke schon. Allerdings nicht so zwanghaft, dass wir alles hätten mitmachen müssen – jeden Feiertag oder die Fastenzeit. Streng religiös also eher nicht. Überhaupt war meine ganze Erziehung immer mit Großzügigkeit, mit einer gewissen Freiheit verbunden.

Wie bist du getauft?

Römisch-katholisch. In Bayern sind das ja die meisten Menschen. Ich bin auch wie alle anderen zur Kommunion gegangen und war sogar

Ministrant. Aber mich hat es eher auf den Fußballplatz gezogen. Natürlich, ich bin auch in die Kirche gegangen, aber ich glaube nicht, dass ich damals begriffen habe, was oder wer Gott ist. Diese Erkenntnis, glaube ich, kam erst später.

Hast du dir als Kind gewünscht, berühmt zu werden?

Als ich Jugendlicher war, konnte ja kein Mensch ahnen, dass sich dieser Sport so entwickeln würde. Damals war ich Amateur, es gab noch keinen Profifußball. Aber ich bin in die richtige Zeit hineingeboren: 1963 wurde die Bundesliga gegründet, 1964 hatte ich meinen ersten Vertrag. Ich habe praktisch die gesamte professionelle Entwicklung miterlebt bis zum heutigen Tag. Dass es so gekommen ist, dafür bin ich dem lieben Gott dankbar.

Glaubst du an Wiedergeburt?

Bisher konnte noch keiner nachweisen, dass er schon mal gelebt hat. Wenn ich manchmal junge Menschen sehe oder Kinder, die die Leidtragenden sind in Kriegen, dann überlege ich mir: Die sind nur ein paar Monate oder Jahre auf der Welt ... Das kann es doch nicht gewesen sein?! Ich hoffe zumindest, dass es so nicht ist.

Welches sind für dich die drei wesentlichen Werte im Leben?

Die Liebe ist der Ursprung unseres Lebens. Ohne Liebe würden wir nicht existieren. Sagen wir es mal so: Die Liebe ist das Lebenselixier. Die Quelle, aus der wir kommen, der Ursprung von allem. Dann Gerechtigkeit und Respekt – oder Toleranz, wie auch immer man es nennen mag.

Hast du eine Lebensaufgabe, die du noch erfüllen möchtest?

Man hat immer Aufgaben. Jetzt ist eine neue Aufgabe auf mich zugekommen: meine beiden Kinder. Das andere würde ich nicht als Lebensaufgabe bezeichnen. Die Weltmeisterschaft 2006 mit zu organisieren ist eine tolle Herausforderung. Aber es ist natürlich nichts im Vergleich zu der Aufgabe, einen kleinen Menschen zu erziehen.

Wirst du mit ihnen in die Kirche gehen?

Des weiß ich noch nicht. Man muss ja nicht in die Kirche gehen, um gläubig und Gott nahe zu sein. Aber ich werde sie sicherlich in einem mannschaftssportlichen Sinn erziehen – wo es eben um die gleichen Werte geht, wie im täglichen Leben auch. Ordnung, Disziplin, die Fähigkeit, verlieren und Niederlagen einstecken zu können. Aber auch, sich über Siege zu freuen. Das ist das Leben: nichts anderes als ein Mannschaftsspiel.

Könntest du sagen, dass du einen spirituellen Weg verfolgst?

Ich wäre sehr froh, wenn ich die Fähigkeit dazu hätte. Denn alles kann man nicht lernen, glaube ich. Man braucht die Anlage dazu.

Ich glaube, dass der liebe Gott oder die göttliche Energie dir schon recht nahe ist. Sonst wärst du nicht da, wo du bist.

Gaby, wenn ich ehrlich bin, war ich in diesen Dingen schon viel weiter. Und weißt du, wer mich darauf gebracht hat? Die Diana. Diana Sandmann, meine frühere Lebensgefährtin. Die ist Astrologin und weiß alles, was man mit «spirituell» verbinden kann. Aber ich habe in den letzten Jahren alles so vernachlässigt, dass ich es manchmal schon ein bisschen bedauere. Aber vielleicht kann ich das noch nachholen – nach der Weltmeisterschaft 2006. Schau'n mer mal.

GOTT ist PERFEKTION.

Der Inder ZUBIN MEHTA entstammt einer parsischen Musikerfamilie. Er war jahrelang Generalmusikdirektor an der Bayerischen Staatsoper und ist einer der bekanntesten Dirigenten der Welt.

ZUBIN MEHTA Ich saß in der Lobby eines kleinen, feinen Hotels in München und hatte mich auf eine lange Wartezeit eingestellt. Ich hatte die Vorstellung, dass Dirigenten weltfremde, kapriziöse Wesen sein müssten, aber als mir kurze Zeit danach Zubin Mehta die Tür öffnete, begegnete ich einem freundlichen, warmherzigen Menschen.
Ich habe eine große Sympathie für Indien, denn ich habe viele Jahre dort in der Textilbranche gearbeitet, und wenn ich es damals auch manchmal verflucht habe – der Aufenthalt zählt heute zu den aufregendsten Erfahrungen meines Lebens.
Wir kamen sofort ins Gespräch, über Indien, seine Kultur und seine Gegensätze. Zubin Mehta erzählte mit großer Liebe von seiner Heimat, mit der er immer noch eng verbunden ist, obwohl er heute in Amerika lebt. Und er erzählte, dass ihm noch heute, wo immer auf der Welt er sich befindet, regelmäßig Gewürze, ja sogar Obst aus Bombay zugeschickt würden. Er deutete auf eine Schale und bat mich, mir einige Mangos aus Indien mitzunehmen, als kleine Erinnerung an alte Zeiten. Überhaupt machte er auf mich den Eindruck eines in jeder Beziehung sinnesfreudigen Menschen.
Auf meine Frage, was für ihn Spiritualität bedeute, zeigte er auf seine dicke Katze, die es sich in seinem Ohrensessel bequem gemacht hatte, und sagte, Spiritualität drücke sich für ihn in dem Bewusstsein aus, dass dieses Lebewesen ein Beispiel für die perfekte Schöpfung Gottes sei.
Als ich später noch unter dem Eindruck des Gesprächs mit zwei Mangos in der Hand am Hotelportier vorbeiging, eilte mir der Maestro hinterher, wedelte mit einer Illustrierten und sagte, «Lesen Sie das, damit Sie sich ein Bild vom Fortschritt in Indien machen können!»
Zu Hause aß ich eine köstliche Mango, blätterte in der Illustrierten und schaute mir schicke Inderinnen auf Hochglanzfotos und Reklamen von den neuesten Fitnessstudios in Bombay an.
Die zweite Mango aber liegt bis heute in meiner Tiefkühltruhe, ganz unromantisch eingefroren zwischen Rehrücken und Spinat. Eine eisgewordene Erinnerung.

Lieber Zubin Mehta, ich möchte Sie nach Ihrem Gottesbild fragen, denn für mich ist die Musik jene Kunstform, die dem Göttlichen am nächsten kommt. Wie sonst konnte Bach solche Musik schaffen?

Nun, zu den Zeiten von Bach oder Mozart waren alle Menschen tief gläubig. Das zeigt sich nicht nur in den Werken der Musik, sondern vor allem auch in der bildenden Kunst. Raffael oder Michelangelo haben Gott ständig in ihren Bildern dargestellt.

Ich verstehe aber, was Sie meinen – aus Bachs oder Mozarts Feder floss die Perfektion. Zwar kann man in der Kunst niemals wirklich von Perfektion sprechen, aber ich nenne es von unserem Standpunkt aus mal so.

«Eine kleine Nachtmusik» ist perfekt. Obwohl sie die einfachste Mozartmusik ist, die wir kennen. Nicht zu vergleichen mit Don Giovanni oder den Klavierkonzerten. Wenn Sie sich die Originalpartitur der Kleinen Nachtmusik anschauen, dann finden sie darin kaum eine Korrektur von Mozart. Er hat sie einfach heruntergeschrieben. Auch seine «Linzer Sinfonie» hat er in dreieinhalb Tagen geschrieben, und sie ist ein Meisterwerk. Ohne etwas Mystisches kann eine solche Perfektion überhaupt nicht Gestalt annehmen. Da sind wir uns wohl einig. Aber ob Mozart das in einem Traum diktiert wurde ... nein, ich glaube nicht.

Nehmen Sie auch die gegenwärtigen «Wunderkinder» – ich frage Sie, wie kann ein kleines koreanisches Mädchen von sechs Jahren schon Paganinis Violinkonzert spielen? Sie hat Unterricht seit einem Jahr, sagen wir. Diese Koordination, die von innen kommt ... was ist das? Bei einem koreanischen oder japanischen Kind kann man meist nicht sagen, dass es in der Familientradition liegt, denn die Eltern und Großeltern hatten einen ganz anderen Beruf oder ein ganz anderes geistiges Niveau. Wieso kommt plötzlich dieses Kind aus seinem Dorf und spielt Mendelssohn mit einem Verstand, als hätte der seine Stücke nur für dieses Kind geschrieben? Das sind die Fragen, die man sich so stellt. Aber man findet keine Antwort darauf.

Was fühlen Sie bei Ihrer Arbeit mit der Musik?

Wenn ich auf der Bühne bin, spüre ich die mystische Präsenz von etwas, das ich nicht beschreiben kann. Das passiert bei einer Oper seltener, denn da bin ich viel zu beschäftigt, die vielen Kräfte, die auf der Bühne wirken, zu bündeln und zu einem Ganzen zusammenzufassen. Aber in Sinfonien spüre ich dieses Mystische besonders. Manchmal in einem langsamen Satz in einer Bruckner- oder in einer Mozart-Sinfonie. Ich weiß dann hinterher nicht mehr, wie viel Zeit vergangen ist. Waren es 15 Minuten oder mehr? Ich habe dirigiert. Ich habe praktisch alle Einsätze gegeben. Ich habe die Form in meinem Kopf gut gehalten. Aber ich denke plötzlich: Wo war die letzte Viertelstunde? Ich weiß nicht mehr, wo ich war. Und trotzdem hatte ich alles unter Kontrolle. Das sind Dinge, die ich nicht erklären kann.

Das klingt wie eine Form von Meditation, in der wir ja auch Zeitlosigkeit spüren.

Ja. Bei der Musik kann ich meditieren. Die Ruhe, die ich auf der Bühne finde, habe ich nirgendwo anders. Nirgendwo. Sie können mich auf eine Paradiesinsel an den Strand setzen – es

ist nicht dieselbe Ruhe wie bei Bruckners Adagio auf der Bühne.

Sie sind in Indien geboren, waren aber zeit Ihres Lebens in der Welt unterwegs. Kehren Sie noch manchmal in Ihre Heimat zurück?

Sooft ich kann, aber leider viel zu selten. Ich habe noch den indischen Pass. Und ich bin gastronomisch vollkommen indisch. (Er deutet auf die Mangos vor sich auf dem Tisch.) Die sind aus Bombay. Die beste Zeit für sie ist im Mai. Nehmen Sie sich!

Welchem Glauben gehören Sie an?

Ich bin Parsi. Die Parsen kamen ursprünglich aus Persien, daher der Name. Um der Verfolgung durch die Araber zu entkommen, flohen sie nach Indien. Der Begründer dieser Glaubensrichtung ist Zarathustra. Er verkündete die Existenz eines einzigen, allmächtigen, unsichtbaren guten Gottes. Insofern hatten wir die erste monotheistische Religion, noch vor den Juden. Die Juden haben viel von uns. Viel, besonders auf der Ebene der Symbole. Unser Gott ist der Gott des Lichts, der durch die Flammen symbolisiert wird. Wir Parsen beten das Feuer an als die höchste Kraft, denn Feuer kann schöpfen und Feuer kann vernichten. Unsere Tempel heißen daher «Feuertempel», und die Flammen werden Tag und Nacht von Priestern bewacht. Das Feuer darin soll brennen bis in die Ewigkeit.

Unsere Religion ist auch die erste, die eine Dreifaltigkeit erfunden hat. Aber nicht in dem Sinne «Vater, Sohn und Heiliger Geist», sondern wir glauben an die Dreifaltigkeit von guten Worten, guten Taten und guten Gedanken.

Ist die Reinkarnation auch ein Teil Ihrer Religion?

Nein, nicht ursprünglich, aber wir leben seit 1000 Jahren in Indien und haben diese Idee vom Hinduismus adaptiert. Mein Vater starb

im Oktober 2002. Und meine Nichte bekam 15 Tage später einen Sohn. Meine Mutter sagte gleich zu mir: «Dein Vater ist wieder da.» Daran gab es für sie überhaupt keinen Zweifel.

Haben Sie zu Hause in der Familie Ihren Glauben täglich gelebt?

Ja. Mit meinen Eltern und mit meinen Großeltern, die bei uns lebten. Nehmen Sie das Neujahrsfest: Unser erster Tag des Jahres fängt nicht um Mitternacht an, sondern erst bei Sonnenaufgang. Am letzten Tag jedes Jahres kamen eine Stunde vor Sonnenaufgang vier Priester zu uns ins Haus, und wir beteten das Feuer an. Am Ende dieser Gebete ging die Sonne auf, und die Priester segneten unsere Familie und unser Haus.

Zelebrieren Sie die parsischen Rituale auch heute noch?

Ab und zu. Aber wir leben in Amerika und Europa, und da gibt es unsere Tempel nicht. Meine erste Frau war katholisch, meine Kinder sind als Christen aufgewachsen. Meine Tochter hat dann einen Parsi geheiratet und ihre «Firmung» nachträglich absolviert und gehört somit wieder unserer Glaubensgemeinschaft an. Niemand kann unserer Glaubensgemeinschaft beitreten. Man muss in sie hineingeboren werden. Parsen heiraten zwar bevorzugt untereinander. Weil aber viele aus meiner Generation so wie ich Andersgläubige geheiratet haben, verschwinden die Parsen allmählich. In 100 Jahren wird es uns nicht mehr geben, wenn es so weitergeht.

Hat sich Ihr Glaube im Laufe Ihres Lebens verändert?

Ich kann durch die Philosophie meiner Religion viele meiner Probleme lösen, innerlich. Ich habe auch Verständnis für die Fehler meiner Mitmenschen. Und durch mein Yoga-Studium kann ich mich auf der Bühne recht gut kontrollieren. Das ist die körperliche Disziplin, die ich als junger Mann gelernt habe. Wenn ich den ersten Akt der «Götterdämmerung» zwei Stunden lang stehend dirigiere, muss ich mich da natürlich sehr zusammennehmen, aber ich schaffe das mit der Disziplin des Yoga. Das hat mit meiner Religion zwar nichts zu tun. Aber es ist meine Herkunft. Meine Jugend.

Sie haben sich aber auch mit anderen Religionen auseinander gesetzt?

Ich war elf Jahre lang auf einer Jesuitenschule in Bombay, Saint Mary's, die beste Schule, die es dort gibt. Die Priester haben es erst gar nicht versucht, uns zu konvertieren, denn wir waren in der Mehrheit: 25 Burschen, sieben Religionen. Katholiken, Protestanten, Sikhs, Hindus, Mohammedaner und Juden. Wir haben uns übereinander lustig gemacht und viel Spaß miteinander gehabt. Was sollten die armen Priester da tun?

Was bedeutet Gott für Sie ganz persönlich?

Gott ist meine Musik. Gott ist Liebe. Gott ist Perfektion. Wir Menschen sind auch perfekt. Wir wissen es nur nicht. Aber wir sind perfekt.

Mit all unseren Fehlern.

Ich erkenne nicht, dass wir Fehler haben müssen. Wir sind perfekt. Das ist keine Einbildung. Natürlich habe ich in meinem Leben Fehler gemacht. Sicher. Gigantische Fehler. Aber diese Perfektion, die wir in uns haben, das ist Gott.

Glauben Sie an Schutzengel?

Nein.

Sie spüren auch keine?

Nein. Aber ich bin fest davon überzeugt, dass das Flugzeug, das ich nehme, nicht abstürzt, weil ich noch lange leben muss. Das ist doch logisch. Wieso sollte das Flugzeug also hinunterfallen? Das ist keine Arroganz, nur eine tiefe Sicherheit.

Wenn Sie gerne so lange leben wollen, was wollen Sie in der Zeit noch erreichen?

Noch sehr viel. Es gibt so viel Musik, die ich noch nicht kenne. Es gibt so viel Philosophisches, das ich noch lernen muss. Ich lebe gleichzeitig auf fünf Kontinenten. Ich bin sehr interessiert an allem, was manche meiner Kollegen nicht interessiert. Die leben nur wie Tosca, für die Kunst und die Liebe. Visit arte, visit amore. Ich nicht. Ich muss jeden Tag wissen, was in Indien, was in Israel und im Rest der Welt passiert.

Glauben Sie an eine schicksalhafte Vorbestimmung?

Meine Mutter glaubte an Horoskope. Sie hat mir erzählt, in meinem Horoskop – das ich allerdings nie gelesen habe – stehe, dass, wenn ich vor meinem 25. Lebensjahr heirate, diese Ehe nicht erfolgreich sein würde. Ich habe mit 21 geheiratet. Und jedes Mal, wenn ich eine Auseinandersetzung mit meiner Frau hatte, dachte ich, oh oh, meine Mutter hat's vorhergesagt. Und als ich 25 war, war die Sache erledigt. Man sieht, dieser Glaube kann auch gefährlich sein.

Sie haben sich scheiden lassen.

Ja, genau. Vielleicht ist mein Unterbewusstsein diesem Horoskop gefolgt.

Kennen Sie das Gefühl von Angst?

Selten. Ich habe keine Angst vor Gefahr. Ich habe manchmal Angst, auf die Bühne zu gehen, weil etwas nicht gut vorbereitet ist. Ich bin im Prinzip kein nervöser Mensch, aber manchmal ist das Orchester nicht gut vorbereitet, oder man kennt die Oper nicht gut genug. Dann habe ich schon Angst.

Haben Sie Angst um Ihre Familie oder Angst vor Krankheit?

Nein. Nun ja, manchmal um meine Enkel. Ich weiß nicht, was sie für ein Leben haben werden. Ich mache mir da sehr große Sorgen. Ich lasse sie das aber nicht spüren.

Welchen Rat können Sie einem Menschen geben, der zu Gott finden will?

Das ist sehr wichtig, was Sie da fragen. Da muss ich wirklich nachdenken ... Wenn ich beispielsweise die Zugspitze vom Balkon sehe, sehe ich die Hand Gottes. Das bedeutet Kreation. Wenn ich Schöpfung spüre, dann ist darin etwas Göttliches. Ein Topf Blumen oder ein Choral. Oder Pinguine auf einem Eisberg. Das alles ist Perfektion für mich. Das ist göttlich. Das sollte man sich immer wieder vor Augen führen. Und dann sehe ich einen Wolf, der auf einen Hirsch losgeht oder eine Löwin, die ein Tier reißt, und dann verstehe ich nicht, warum auch das notwendig sein muss. Auch hier Gottes Führung zu verstehen, das würde ich mir wünschen.

Das Gespräch mit GOTT, ein GESPRÄCH mit dir selbst.

SENTA BERGER, 1941 in Wien geboren, ist eine der bekanntesten und beliebtesten Schauspielerinnen Deutschlands. In den USA arbeitete sie mit Sam Peckinpah, in Italien mit Lina Wertmüller, Mario Monicelli und Franco Giraldi. Unvergessen ihre Rolle als Freundin des Klatschkolumnisten Baby Schimmerlos in «Kir Royal». Senta Berger ist mit dem Regisseur Michael Verhoeven verheiratet und hat zwei Söhne, Simon und Luca.

SENTA BERGER Senta und Friedrich sind schon seit Ewigkeiten miteinander befreundet. Sie haben schon oft und gerne gemeinsam vor der Kamera gestanden. Friedrich und Michael Verhoeven, Sentas Mann, lernten sich bereits in den sechziger Jahren bei den Dreharbeiten zu Ludwig Thomas «Lausbubengeschichten» kennen. Die Kinder von Senta und Michael sind in etwa so alt wie die Kinder aus Friedrichs erster Ehe. Die Familien haben zusammen die Ferien am Meer verbracht, sind also dicke Freunde. Und dann erschien ich auf der Bildfläche. Senta ist mir von Anfang an mit einer Wärme begegnet, die unter Frauen nicht unbedingt alltäglich ist. Ich habe sie immer sehr bewundert. Sie ist nicht nur eine wunderbare Schauspielerin, sondern auch eine kluge Analystin, die immer offen zu ihrer Meinung steht. Eigentlich wollte sie sich nicht zum Thema Gott äußern, sie glaube nicht an ihn. Plötzlich klingelte mein Telefon: «Ich bin gerade in der Gegend und habe eine Stunde Zeit. Lass uns doch schnell das Interview machen.»
Das ist für mich Freundschaft.

MIR FEHLT DER RECHTE GLAUBE. Der an den lieben Gott. Und der an die Kirche. Das sind völlig verschiedene Glaubensinhalte.

Das Haus, in dem ich aufgewachsen bin, liegt hinter einer großen ländlichen Barockkirche, der Lainzerkirche in Wien. Das Haus war einst das Pfarrhaus der Kirche gewesen, dann wurde es die Lainzer Volksschule, und als die neue Schule gebaut war, wurde es ein Wohnhaus. In der kleinsten Wohnung, dem ehemaligen Lehrerzimmer, wohnten meine Eltern und ich. Nie werde ich den tiefen Glockenklang vergessen, der meine Tage und Nächte begleitete, schwere Glocken, die sich zu Ostern hoch über unser Haus erhoben, um nach Rom zu fliegen. Das Kirchenschiff war für meine Freunde und mich ein ganz selbstverständlicher Spielplatz. Am liebsten im Sommer, wenn es draußen heiß und staubig war, im Kirchenschiff aber kühl und dämmrig, voller Weihrauchduft.

Ich kannte die Kirche besser als der Messner, der uns schimpfend vertrieb, wenn er uns entdeckte. Wir versteckten uns zwischen den Kirchenbänken aus Nussholz.

In einem kleinen Seitenschiff stand eine heilige Maria, ganz in hellblau, milde lächelnd. Die Wände um sie herum waren über und über bekritzelt mit Zeichen, die ich nicht lesen konnte.

Mit sechs Jahren dann konnte ich zwar lesen und entzifferte die geheimnisvollen Sätze, die ich jedoch nicht verstand: «Heilige Muttergottes, hilf, dass er zurückkommt» und «Hilf, dass er mich nicht mehr schlägt» – «Hilf, dass ich nicht schwanger bin» – «Vergib mir meine Schuld, ich musste abtreiben, vergib ...».

Wir tauften unsere Puppen und Teddybären über der Weihwasserschale.

Aber ich war nicht getauft.

Meine Mutter sagte, wenn du groß bist Senta, dann wählst du dir frei und bewusst deine Religion.

Aber sie selbst ging nie in die Kirche. Nicht einmal aus Neugierde, wenn die Nachbarstöchter in Weiß heirateten.

Mein Vater ging ebenfalls nie in die Kirche. Nicht in die schöne Lainzerkirche, die vor unserem Haus lag, noch in eine andere. Doch, einmal in einer kleinen Kirche auf dem Lande, da habe ich ihn Orgel spielen hören. Er konnte gut Orgel spielen. Er hatte Klavier studiert und Kompositionslehre, wenige Semester, bevor er das Musikstudium abbrechen musste, um im Handwerksbetrieb seines Vaters mitzuarbeiten. Mein Vater liebte kirchliche Musik. An hohen Feiertagen, wenn im Radio nichts anderes als Kantaten und Requien zu hören waren, kroch er förmlich in das kleine Radio am Küchentisch hinein, umschlang es und war glücklich.

Als junges Paar waren mein Vater und meine Mutter aus der Kirche ausgetreten – in der schlechten Zeit der zwanziger Jahre, der Arbeitslosigkeit, der Hoffnungslosigkeit, als viele aus den gleichen Gründen in die Kirche eintraten.

Als ich endlich nicht mehr nur mit mir beschäftigt war, die Welt anfing wahrzunehmen, also bewusst zu werden, wenn auch noch lange nicht frei, da war ich vielleicht 19, 20 – erzählte mir meine Mutter von ihrer Mutter und wie es gekommen war, dass sie so früh sterben und ihre Kinder zurücklassen musste. Meine Großmutter ist nur 36 Jahre alt geworden. Meine Mutter, «das Reserl» war bei ihrem Tode noch nicht 14, der ältere Bruder 16, die jüngeren Schwestern 12 und 10 Jahre alt. Die Familie war zu dieser Zeit verarmt. Mein Großvater lag mit Tuberkulose auf dem Sofa in der Wohnküche und spuckte Blut.

Seinen kleinen Frisiersalon hatte er aufgeben müssen. Die jüngste Tochter Gretl steckte er mit Tuberkulose an. Meine Großmutter saß Tag und Nacht an der Nähmaschine, um die Familie durchzubringen. Immer wieder konnte die Miete nicht bezahlt werden, eine noch kleinere, ärmere Bleibe musste gefunden werden. Der soziale Abstieg war vorgezeichnet.

In dieser großen Not wurde meine Großmutter wieder schwanger. So ging sie zu einer Frau in der Nachbarschaft, die als «Engelmacherin» bekannt war. Meine Mutter, die kleine Resi, begleitete sie und wartete vor dieser Wohnung auf den kalten Steinen der Flurstiege. Endlich kam ihre Mutter wieder.

Meine Mutter erinnerte sich so: «Ich habe gleich gewusst, dass etwas Schreckliches geschehen sein muss. Denn meine Mutter war weiß wie die Wand und konnte kaum aufrecht stehen. Sie sagte: ‹Reserl, hilf mir›, und hat sich schwer auf meine Schultern gestützt. Ich habe geglaubt zusammenzubrechen. Meine Mutter flüsterte nur: ‹Hilf mir, hilf mir!› Ich weiß nicht, ob sie mich gemeint hat. So habe ich sie nach Hause gebracht.»

Zwei Tage später war sie tot.

Einige Tage musste das kleine Reserl zu Hause bleiben. Als sie wieder in die Schule gehen konnte, entschuldigte sie sich bei ihrem Religionslehrer, dass sie keine Hausaufgaben hatte machen können. Der Lehrer, der Herr Katechet, wie man sagte – eine Autorität für das 14-jährige Reserl –, wusste schon vom Tod der Mutter und antwortete: «Reserl, das macht heute nichts, du bekommst deswegen keine Strafe. Gott hat dich ja schon gestraft.»

Das war der Satz, an dem meine Mutter ihr Leben lang zu tragen hatte. Wer war dieser grausame Gott, der sie mit dem Tod ihrer Mutter bestrafte? Und was hatte sie, das Mädchen Therese getan, um so bestraft zu werden?

Und da sie mit niemandem darüber sprechen konnte, bekam sie auch keine Antworten auf Fragen, die sie nicht wagte zu stellen. So setzte sich in ihrem Kopf fest: Der Religionslehrer vertritt die Kirche, und die Kirche ist der Papst, der Heilige Vater, der auf Erden Gott vertritt, diesen Gott, der sie so hart bestraft hatte.

Am 10. März 1917, ihrem 14. Geburtstag, ging Reserl von der Schule, kochte, wusch und nähte für ihre Geschwister und ihren Vater und hat nie wieder eine Kirche betreten.

So wuchs ich also auf, in dem Haus hinter dieser großen Barockkirche, in einer winzigen Wohnung, ohne fließendes Wasser, mit der Gemeinschaftstoilette für alle im Flur – und wir waren glücklich.

Vor meiner Geburt, die ja überhaupt nur durch die Zuteilung dieser kleinen Wohnung, die die Eltern ergattert hatten, möglich geworden war, hatten mein Vater und meine Mutter mit ihren Geschwistern in einem Schlafraum nächtigen müssen. Damals war die Wohnungsnot sehr groß.

Nun machte es gar nichts aus, dass die kleine Tochter, die nun doch noch geboren werden konnte, in ihrem Bettchen so eng an den Ehebetten stand, dass sie ihre Hand jederzeit nach der Mutter ausstrecken konnte.
Mir gab es Sicherheit, eine Sicherheit, die mir auch heute noch im Leben hilft. Was es für meine Eltern bedeutete – sie waren damals Ende 30 –, weiß ich freilich nicht.

Einige Jahre war ich mit meinem Vater sehr vertraut. Das waren die zwei, drei Jahre vor meiner Pubertät. Da sprach er mit mir, wie später nie wieder. Er war ein Skeptiker, leider auch sich selbst gegenüber. Der Pomp der Kirche war ihm verdächtig. Immer wieder erzählte er mir von Jesus, dem armen jüdischen Schreiner, der von den römischen Machthabern an das Kreuz genagelt worden war, und wie dessen Lehre im Widerspruch stehe zu den goldenen Gewändern des Papstes und seines Hofstaats im Vatikan und also in jeder Kirche. Für meinen Vater hatte die Kirche und ihr Heiliger Vater mit Gott, mit Jesus und seiner Lehre nichts zu tun.
In der Vorschule war ich zum Religionsunterricht zeitweilig zugelassen. Es hing von der Toleranz des jeweiligen Lehrers ab. Keiner von ihnen hat versucht, mich an den Glauben, an die Religion heranzuführen.
Keiner von ihnen hat versucht, mir die Rituale, die ich von meinen flüchtigen Besuchen in der Kirche kannte, zu erklären, sie mit Sinn zu erfüllen.
Wenn ich dann den Pfarrer sprechen hörte: «Das ist mein Fleisch und Blut, wer davon esset und trinket ...», bekam ich eine Gänsehaut vor Grauen.
Niemand erklärte mir den verheißenden Sinn.

Ich denke, wenn man ganz selbstverständlich mit den kirchlichen Ritualen aufwächst, fällt es dem erwachsenen Menschen leichter, sie mit Inhalten zu füllen.
Mein Cousin Gunther und ich waren sehr verliebt ineinander. Da war ich vielleicht 11, und er 13. Wir wollten heiraten und spielten Hochzeit, er mit einem Hut seines Vaters auf dem Kopf, ich mit einem weißen Tüllrest aus der Stoffkiste meiner Mutter. Irgendein Erwachsener sagte dann: «Ihr dürft ja gar nicht heiraten, ihr seid ja miteinander verwandt.»
Aber mein Cousin Gunther tröstete mich: «Wir schreiben an den Papst und bitten ihn um Erlaubnis. Wir schreiben ihm, dass wir uns lieben und uns immer treu bleiben werden.» «Ja, das tun wir!»
In der Schule aber fragte ich den Religionslehrer, wie das mit Adam und Eva wohl war und ihren Kindern und deren Kindeskindern. Wer hatte ihnen, Brüdern und Schwestern, die Erlaubnis gegeben, sich zu vereinen? Der Religionslehrer reagierte sehr gereizt und sagte, er lasse sich von Heiden seinen Unterricht nicht kaputtmachen, ich könne auch nach Hause gehen oder in den Schulhof, aber im Klassenzimmer wolle er mich nicht mehr sehen. So fand meine Religionserziehung ein Ende.

Jeden Sommer war ich mit Gleichaltrigen in Schullandheimen. In den Bergen Tirols oder Kärnten. Einmal sogar am Meer. Ich war immer sehr glücklich in diesen Wochen, eingebettet in eine Gemeinschaft. Nur an den Sonntagen, wenn alle zur Messe gingen, fühlte ich mich einsam, fast ausgestoßen. Sogar dann, wenn ich in die Kirche mitgehen durfte. Die anderen durften dieses geheimnisvolle Blättchen empfangen und schlossen dabei ihre Augen. Was sie wohl dachten? Was sagte Jesus zu ihnen? Die Lehrerin hielt mich an der Hand fest, ich durfte am Abendmahl nicht teilnehmen, das wäre eine Todsünde gewesen. Aber oft blieb ich allein zurück, wenn alle zur Messe gingen, in dem plötzlich leeren, stillen Heim. Dann sprach ich laut mit «meinem» Herrn Jesus und erzählte ihm, was mich bewegte, was ich erhoffte und dass ich ein wenig Heimweh hatte.

In den Jahren meiner Pubertät verlor ich fast völlig mein Interesse für die Kirche, für Religion oder gar Religionen. Glücklicherweise kam ich sehr früh ans Theater und damit in eine «erwachsene» Welt, in der anders gelehrt und gearbeitet wurde als in der Schule. Ich begann, kritisch zu denken.

Sehr früh begegnete ich jüdischen Bürgern, Kollegen, die zurückgekehrt waren, Schriftstellern, Regisseuren. Ihnen habe ich sehr viel zu verdanken.

Während in der Schule die «Geschichte des Dritten Reiches» völlig ausgeklammert geblieben ist, und auch in meinem Elternhaus darüber nie gesprochen wurde, hörte ich nun aus dem Mund von Zeitzeugen, Augenzeugen, was in meinem Land Österreich geschehen und wie es möglich geworden war.

Natürlich wurde auch immer über die Haltung der Kirche in der Nazizeit gesprochen. Ich bekam das Alte Testament geschenkt. Ich begann mich für Religionsgeschichte, die ja Kulturgeschichte ist, zu interessieren.

Abgesehen von immer wiederkehrenden Legenden in allen Religionen, nehmen wir das Beispiel der «Jungfräulichen Empfängnis»: die-

ses Bild gibt es ja in vielen Religionen Asiens, auch die alten Griechen wollten an solch ein Wunder glauben ... abgesehen davon, dass ich nicht gewusst habe, wie sehr das Neue Testament sich in das Alte einfügt –, bewegt mich die ewige Suche der Menschen nach etwas Höherem, das ihre Geschicke auf Erden leitet, ihrem Leben Sinn gibt, das belohnt und straft. Die einen mögen «das Höhere» Gott nennen, die anderen Schöpfung, Göttliche Vernunft – für mich ist es der Versuch, sich das Unfassbare zu erklären.

Wenn ein Stein aus deiner Hand fällt und er fällt in den Himmel hinauf – dann würdest du sagen, das ist ein Wunder. Dass ein Stein aber auf die Erde fällt – ist das etwa keines? Es ist doch alles ein Wunder.

Das Unfassbare bleibt eben unfassbar für mich. Keine Religion kann mich darüber hinwegtrösten. Aber ich verstehe, dass Menschen diesen Trost, diese Verheißung brauchen, um ihre Existenz zu erklären – ja, bestätigen.

Menschen, die aus tiefer, ungebrochener, vielleicht manchmal naiver Überzeugung glauben können, haben es gut, denke ich – es macht sie nicht unbedingt zu besseren Menschen, vielleicht aber zu stärkeren.

Mir ist Glaube nicht gegeben. Nicht gegeben worden.

Ich bete nie.

Fast beneide ich die, die das können. Denn letztendlich ist das Gebet, das Gespräch mit Gott ein Gespräch mit dir selbst. Vieles wird dir klarer. Das gibt Kraft.

Ich rede natürlich auch mit mir, eigentlich ständig. Wenn ich überfordert bin, und ich bin es oft, taucht vor meinem inneren Auge das Bild eines Esels auf mit Scheuklappen vor den Augen, eines Esels, der einen schweren Wagen zieht und zieht.

Wenn ich dieses Bild sehe, dann weiß ich, ich

muss mich zur Ruhe, zum Innehalten überreden, zwingen.
«Innehalten», das ist ein schönes altes Wort. Ich habe dabei immer an «Innen» gedacht. Ich versuche, meinen Atem zu hören, meinen Herzschlag, mich wahrzunehmen als Geschöpf. Am besten gelingt es mir freier zu atmen in der Natur. Ein großer, alter Baum hat etwas wunderbar Tröstliches.

Meine Mutter hat die Natur so geliebt. Alles, was da wächst, alles was – wie man so sagt – «kreucht und fleucht». Im Sommer lief sie im Garten gerne barfuß, um unter sich die Erde zu spüren, das feuchte oder auch das nasse Gras.
Wenn der Frühling nicht kommen wollte, wurde sie traurig, müde. Aber beim Aufbrechen der Knospen, der ersten Primeln und Veilchen, da erwachte ihre Lebensfreude.
Dass jedes Jahr aufs Neue die Erde gibt, was in ihr gedeiht – das war ihr das größte Wunder, und sie war dankbar dafür. In der Natur sprach sie das Wort Gott oft und gerne aus. Freude und Trost in der Natur zu finden –, das hat sie mir vererbt. Ein Geschenk. Glück.
Sicher ist es auch Glück, einen Mann an meiner Seite zu haben, mit dem ich alles teilen kann. Mit dem ich über alles sprechen kann – rückhaltlos. Der mich immer ermutigt und mir geholfen hat, über schwere Zeiten hinwegzukommen. Er ist meine Kraftquelle.
Und dann mein Beruf. Ihm verdanke ich sehr viel. Durch die vielen Reisen, die ich schon sehr jung machen konnte. Die Begegnungen mit Menschen mit ganz anderer Lebensart und Haltung. Das Lernen von neuen Sprachen. Dadurch habe ich wirklich einen Eindruck bekommen, was diese Welt ist und wie sie sein könnte. Und weshalb sie nicht so ist, wie sie sein kann.
Die Schauspielerei ist ein wunderbarer Beruf, in dem ganz unmittelbar Phantasie, Kreativität und Handwerk zusammenfließen. Der Beruf fordert dich – er kann sehr hart sein. Mir hat er auch Kraft gegeben, hat meine Anlage zur Improvisation gefördert. Ich springe auch im «wirklichen» Leben in jede neue Situation hinein, versuche mich in Sekundenschnelle zurechtzufinden.
Mein Beruf war immer eine einzige Inspiration für mich.
In dem Wort «Inspiration» ist ja der Begriff «spirituell» enthalten. Spirituell zu sein, also zu erkennen, was du bist, was du kannst und was du nicht kannst –, Verantwortung für sich zu übernehmen, durchlässig zu sein – offen –, das alles habe ich durch meinen Beruf sehr früh erfahren.

Meine Söhne sind nicht getauft. Mein Mann und ich haben das so beschlossen. Beide Söhne waren im Religionsunterricht und später im Gymnasium in einem Schulfach namens «Ethik». Natürlich leben wir alle nach christlichen Werten, oder versuchen dies zumindest. Ich finde es wichtig, Kinder zur Courage zu erziehen, Zivilcourage. Die hatte schon meine Mutter, und auch ich bin eine Einmischerin – vielleicht noch zu wenig.
Dann die Wahrheit. Wir haben versucht, den Kindern beizubringen, die Wahrheit zu sagen. Den Mut dazu zu haben. Natürlich muss man

auch lernen, eine Wahrheit so zu sagen, dass der andere sie aushält.

Ich habe sehr wenig gelogen im Leben. Ich mag die Menschen zu sehr, um sie anzulügen. Ich finde, angelogen zu werden, verdient keiner.

Mein Sohn Simon wünschte sich heute manchmal, er wäre getauft und aus dem Kinderglauben von einst an den «lieben Gott» wäre heute ein ernster und selbstverständlicher Glaube an Gott gewachsen.

Er hat verschiedene Erklärungen für die Existenz dieser Erde gesucht. Philosophische, naturwissenschaftliche.

Ich weiß, er ist noch auf der Suche. Er muss seinen Weg finden, und jeder Weg ist anders.

Viele brauchen eine Gruppe oder kirchliche Gemeinschaft, um den «rechten Weg» zu finden. Es tut sicher gut, dass der Gottesdienst Menschen versammelt, die glauben können oder glauben möchten. Mit denen man sich zusammenschließen kann. Das gibt einfach Sicherheit.

Ob ich einen Schutzengel habe? Nein, an so etwas glaube ich nicht. Als kleines Kind habe ich natürlich daran geglaubt. In meiner Vorstellung sah er so aus wie das Engelchen auf einer kleinen Oblate, die in einem Care-Paket aus Amerika lag, zusammen mit Eipulver und Trockenmilch.

Die Oblate klebte meine Mutter über mein Kinderbettchen und sagte: «Das ist dein Schutzengel, der passt jetzt auf dich auf.»

Aber natürlich war sie, meine Mutter, mein Schutzengel.

Von ihr habe ich gelernt, und ganz begreife ich das erst heute: den Glauben an die Menschen. Den Glauben an die sich immer wieder erneuernde Natur. Den Glauben an Liebe und Anstand. Das sind meine wichtigsten Werte.

Ich glaube, dass wir alle gar nichts sind. Nicht einmal ein Sandkorn. Dass wir gar keine Bedeutung haben, außer der, die wir unserem Leben geben.

Ich glaube, dass wir vergehen und nichts von uns bleibt als eine Spur in den Gedanken der Menschen, denen wir nahe gekommen sind.

In den Gedanken, Erinnerungen unserer Kinder und vielleicht sogar unserer Kindeskinder.

Von Ludwig Wittgenstein gibt es den schönen Satz:

Der Sinn des Lebens ist der Sinn des Lebens.

Das sehe ich genauso.

Die größte Verpflichtung, die wir dem Leben gegenüber haben – manche Menschen werden sagen können, die wir «dem Schöpfer» gegenüber haben –, ist, glücklich zu sein. Dankbar zu sein für das Leben.

Beweise das. Beweise, dass du dankbar bist für deine kurze Zeit auf Erden.

Das ist oft schwer, sehr schwer.

Aber darin liegt unsere Aufgabe.

Warum EXISTIERT überhaupt IRGEND-ETWAS?

SIMON VERHOEVEN ist der ältere der beiden Söhne von Senta Berger und Michael Verhoeven. Er hat die Schauspielerei in den USA und in Deutschland gelernt und lebt in München.

SIMON VERHOEVEN Friedrich und ich haben die letzte Silvesternacht zusammen mit Senta und Michael Verhoeven und ihren Söhnen Simon und Luca verbracht. Die beiden hatten ihre Freundinnen dabei. Es war ein gemütlicher Abend, und mich beeindruckte, wie liebevoll Eltern und Kinder miteinander umgingen. Senta hatte ich schon interviewt, und ich fragte mich, wie wohl ihre Söhne über das Thema Gott dachten.

Ich habe den Film «100Pro» von Simon gesehen, in dem auch Max, der Sohn von Friedrich mitspielt, und ich muss sagen, dass mir der Film sehr gut gefallen hat. Es ist eine Komödie, die zeigt, wie sonderbar sich manche Jugendliche benehmen, um an scheinbar allmächtigen Türstehern von In-Discos vorbeizukommen. Denn wer in diesen Lokalen erscheinen darf, gehört zu den Privilegierten, ist Mitglied der «Szene».

Natürlich habe ich mich auch gefragt, was ich in meiner Jugend getan hätte, wäre ich in dieser Situation gewesen ... Aber irgendwie haben wir dieses Problem nie gehabt. Vielleicht waren die Wirte damals noch froh, wenn überhaupt jemand in ihre Lokale kam. Es gefällt mir, dass ein junger Regisseur dieses blöde «Lebensziel» aufs Korn nimmt und veralbert. «100Pro» hat Simon selbst geschrieben, produziert und Regie darin geführt.

ALSO, WENN ICH DIE WAHL HÄTTE, ob ich lieber Mensch wäre oder Engel, würde ich lieber Mensch sein wollen. Engel können ja keine Freundin haben, und Fußballspielen können sie auch nicht. Ich möchte leben und kein Lichtwesen sein, das man nicht anfassen kann. Das ist nicht meine Vorstellung von Glück.

Wenn mich früher jemand gefragt hat, ob ich an Gott glaube, habe ich nein gesagt. Ich wusste, die meinen immer diesen katholischen Geist, der mit einem Rauschebart oben auf seinem Thron sitzt. Für mich war das immer eine grauenhafte Vorstellung, irgendwann mit einer Harfe auf einer Wolke zu sitzen. Das entspricht überhaupt nicht meiner Vorstellung vom Paradies. Deswegen habe ich immer gesagt, ich glaube nicht an Gott. An diesen Gott. Aber natürlich glaube ich schon an Gott. Man muss nur sehen, was man unter Gott versteht.

Die Frage, die man sich stellen muss, ist doch: Warum existiert überhaupt irgendetwas? Es könnte ja auch einfach gar nichts existieren. Aber jetzt gibt es eben dieses Weltall und darin das winzige Körnchen Erde. Allein die Tatsache, dass das alles existiert, ist für mich der Beweis, dass es Gott gibt. Weil: Von nichts kommt nichts. Die Menschen brauchen einen Namen dafür, und so sagen sie Gottvater. Für mich ist er die Energie, die überall und in allem ist und alles durchdringt.

Ich kann gut verstehen, dass die Völker früher die Sonne als Gott verehrt haben, als Energiequelle. Ohne die Sonne gäbe es ja kein Leben. Wir sind uns gar nicht mehr im Klaren darüber, was das für ein Wunder ist. Wir nutzen die Sonne nur, um braun zu werden. Wir vergessen, wie wunderbar diese Welt ist. Man sollte sich öfter die Mühe machen, den Wind zu fühlen und die Sonne. Die Menschen sind so aufgeklärt, so wissenschaftlich. Alles kann man erklären, keiner wundert sich mehr über etwas, jeder Planet hat seinen Namen. Wie würden wir wohl denken, wenn wir die ersten Menschen auf dieser Erde wären? Dann würden wir die Schöpfung wieder ganz anders spüren und Ehrfurcht haben vor ihr.

Ich bin nicht im traditionellen Sinn christlich erzogen worden. Als Kind war ich manchmal ein bisschen eifersüchtig, wenn die anderen zur Kommunion Geschenke bekommen haben und ich keine. Und es hat mich auch eingeschüchtert, dass ich nicht in den Himmel komme, wenn ich an keinem Religionsunterricht teilnehme. Aber manchmal war ich auch froh, dass ich dafür länger schlafen durfte oder länger spielen konnte.

Meine Mutter hat nie mit uns am Abend gebetet. Aber sie hat gesungen, Gutenachtlieder: «La Le Lu nur der kleine Mond schaut zu ...» oder «Der Mond ist aufgegangen» und hat mich dabei gestreichelt und ich habe mich wohl gefühlt, geborgen. Ich war glücklich. Das ist auch ein Gebet.

Aber natürlich hat mich das Christentum mitgeprägt, da ist ja die Grundlage unserer Kultur irgendwie. Wir haben Weihnachten gefeiert, natürlich, aber wir sind nicht jeden Sonntag in die Kirche gegangen. Ich sehe es als ein großes Geschenk, dass ich erzogen worden bin, diese Welt, die Natur zu lieben, darüber zu staunen und darüber nachzudenken. Das ist auch eine Art religiöser Erziehung. Die war vielleicht eher buddhistisch angehaucht, obwohl meine Eltern das niemals so nennen würden. Also, keineswegs Anti-Gott oder Anti-Leben. Ich bin nur ohne die Regeln eines «Vereins» erzogen worden, selber zu suchen, anstelle jeden Sonntag in die Kirche zu gehen, wie in einen Schützenverein, nur weil man dann angeblich in den Himmel kommt.

Ich habe mir immer vorgestellt, dass Gott oder diese Energie sich kaputtlachen müssen über diese vielen «Vereine», die es auf dieser Welt so gibt. Der eine ist Mitglied weiter nördlich, der andere weiter südlich. So ungefähr muss es doch aus der Vogelperspektive ausschauen. Die einen glauben dies, die anderen das. Da gibt es Moslems, Hindus, Christen, Radikale. Jeder weiß natürlich genau, was die Wahrheit ist. Keiner schaut einmal über den Tellerrand oder von außen auf den Erdball und sagt, wir sind alle Brüder und Schwestern. Egal jetzt, ob du getauft bist, nicht getauft bist, ob du ein Kopftuch trägst oder einen Turban. Du bist auch ein Kind Gottes. Und Gott weiß das.

Ich weiß nicht allzu viel über Buddhismus, aber das was ich weiß, ist mir sehr sympathisch. Da wird niemand penetrant zu überzeugen versucht. Es gibt keine Missionarsgeschichten, so wie bei den Christen, die nach Afrika gefahren sind, um den Eingeborenen zu erklären, was Gott ist. Vielleicht haben die es ja auch schon viel besser gewusst. Aber, um bei meinem vorherigen Bild zu bleiben, auch in diesem Verein werde ich nicht Mitglied. Ich werde immer jemand bleiben, der sich umsieht und sich das nimmt, was er braucht.

Die meisten meiner Freunde glauben schon an Gott, aber keiner will mehr in die Kirche gehen. Das Vertrauen in die Kirche, speziell in die katholische, ist weg. Sie hat in meinen Augen versagt. Es gibt sicher auch Leute dort, die ganz toll sind, die an Gott glauben und in seinem Namen Sinnvolles tun. Aber die Kirche hat im Laufe der Jahrhunderte auch grauenvolle Dinge getan, Menschen gequält, ihnen Angst gemacht vor dem Teufel, sie benutzt, Geld von ihnen verlangt, sie klein und dumm gehalten. Für mich ist die offizielle Kirche heute einfach weltfremd. Was Sex angeht, was Aids angeht, wir kennen ja all diese Themen. Das ist einfach ein Verein, der sich nicht realistisch mit den Menschen befasst und den Menschen nicht so liebt, wie er geschaffen wurde. Die Kirche hat sich ein theoretisches Konstrukt aufgebaut, das hauptsächlich der eigenen Machterhaltung dienen soll. Dabei wird der Mensch in seiner Sinnlichkeit und Verletzlichkeit allein gelassen und immer mit so einem Scheißdreck getröstet: Du musst das alles ertragen, wenn es dir jetzt schlecht geht, im Paradies wird es dir dann gut gehen. Immer dieses Verweisen auf nachher, also diesen Bären lasse ich mir nicht aufbinden. Ich glaube, selbst wenn es einen christlichen Gott gibt, dann wären die Kirchenleute die Letzten, die in den Himmel kommen würden.

Einmal, mit achtzehn, hatte ich ganz schlimmen Liebeskummer. Ich wollte nicht mehr leben. Da wusste ich, ich brauche etwas, um wieder Halt zu finden. Ich habe ein System für mich gefunden, ein bisschen so wie Yoga. Ich habe versucht, mich zu besinnen und innerlich leer und frei zu machen für das Gute. Aber sonst spiele ich eigentlich am liebsten Fußball.

Danach fühle ich mich immer wie neugeboren. Das hört sich zwar banal an, ist es aber nicht. In den 90 Minuten vergesse ich alle meine Probleme. Ich zermartere mir nicht mein Gehirn. Ich denke mich nicht wund, sondern ich lebe einfach.

Ich wollte ja mal Berufs-Fußballer werden, habe auch bei 1860 München gespielt. Aber nach mehreren schweren Verletzungen war es damit vorbei. Manchmal träume ich noch davon. Nein, ich mache dem lieben Gott keinen Vorwurf, dass daraus nichts geworden ist, es war eben nicht mein Weg. Fußball wird trotzdem immer für mich ein großer Trost bleiben, eine Lebensreligion sozusagen. Aber ich weiß, dass ich deswegen nicht in den Fußballhimmel komme oder so ...

So gut wie beim Fußball geht es mir auch manchmal in meinem Beruf, wenn ich einen Text sprechen kann, der nicht zu blöd ist, sondern der mich inspiriert. Dann fühle ich mich frei und gehe auf in dem, was ich tue. Aber das ist bei der Schauspielerei längst nicht so oft der Fall, als wenn ich einfach einem Ball hinterherjage. Am ersten Drehtag bin ich immer sehr nervös, aber daran bin ich schon gewöhnt. Ich habe gemerkt, dass meine Mutter, die diesem Beruf schon viel länger nachgeht als ich, am ersten Drehtag auch nervös ist. Und wenn sie das ist, dann gehört das wohl einfach dazu. Trotzdem bin ich ziemlich sauer auf meine Ängste, weil ich mich so klein fühle. Irgendwann habe ich kapiert, dass es wichtig ist, keine Angst vor der Angst zu haben, sondern die Angst einfach zu akzeptieren. Als eine Emotion, die nicht vom Teufel kommt, sondern aus der eigenen Seele. Am Anfang habe ich die Angst aggressiv bekämpft, habe absichtlich das gemacht, wovor ich Angst hatte, aber dann wurde es manchmal nur noch schlimmer. Man muss eben lernen, keine Angst vor diesem Gefühl zu haben, sondern es einfach zuzulassen. Dann wird es schwächer und löst sich auf.

Ich weiß nicht, ob unser Leben vorbestimmt ist. Aber ich sage immer: es kommt natürlich alles, wie es kommen muss. Trotzdem engt mich dieser Gedanke nicht ein. Man muss ja selbst durch alle Entscheidungen gehen. Durch alle Verzweiflungen. Durch alle Freuden. Man darf sich zu Hause nicht auf sein Bett legen und sagen, es ist sowieso alles vorherbestimmt. Dann verdorrt man als Mensch. Man muss schon rausgehen und leben. Für mich ist der Sinn des Lebens, das Leben so gut es geht zu leben. Mich zu verwirklichen, im Einklang mit meiner Umgebung. Wofür das alles bestimmt ist, werde ich vielleicht noch erfahren.

Ich finde, dass es jetzt schon die 12-, 13-Jährigen viel schwerer haben als ich damals. Die werden mit einer Scheiße im Fernsehen überflutet, auf die ich sicher in diesem Alter auch reingefallen wäre. Man muss nur schauen, was zum Beispiel auf MTV oder VIVA für Werbung gesendet wird. Dass die Kids dauernd anrufen müssen, um irgendwas runterzuladen. Diese Zielgruppe wird sehr hart rangenommen. Geld her, das wäre die ehrliche Botschaft dieser Sendungen. Und wenn ich mir diese Casting-Shows anschaue, das ist alles so verlogen, die reine Geschäftemacherei! Da werden die Teenies benützt bis zum Gehtnichtmehr. Das führt auch zu einer Verrohung. Ich finde, die Welt ist

uneleganter geworden, seit ich ein Kind war. Damals war die Welt erotischer. Wie wird denn Sexualität heute dargestellt, jeder kleine Moderator auf MTV spricht heute von «ficken». Es ist alles so gleichgültig geworden, und dadurch auch unerotischer. Das Besondere ist weniger wertvoll geworden, platt gewalzt, ein Brei aus Scheißdreck. Diese Telefonsexwerbung! Das ist doch Fernsehterror. Ich glaube, wenn ich heute 13 wäre, ich würde einen Schaden bekommen.
Trotzdem glaube ich nicht, dass sich diese Entwicklung halten wird. Diese ständigen Appelle an die niedrigsten Instinkte, diesem Terror wird sich der Mensch eines Tages entziehen. Wenn man sich einfach nur so von den Medien und der Werbung Dinge vorgaukeln lässt, dann ist man doch nichts als ein dummes ausgenutztes Opfer, das völlig verkümmert.
Wenn ich drei Wünsche offen hätte, würde ich mir wünschen, dass meine Oma jetzt noch leben würde und zwanzig Jahre jünger wäre, damit ich mit ihr noch viele Jahre verbringen könnte. Dann wünsche ich mir, dass meine Familie, meine Freunde, meine Geliebten und ich niemals krank werden, und der dritte und größte Wunsch wäre, dass ich als Mittelstürmer für Real Madrid spiele und zwölf Millionen Euro im Jahr verdiene.
Wenn so eine Wunsch-Fee eines Tages wirklich bei mir aufkreuzt, wünsche ich mir vielleicht auch noch Weltfrieden, weil es den wahrscheinlich niemals geben wird.

Meine Mutter denkt manchmal, ich schlafe zu lang. Aber ich träume einfach nur gern. Ich versuche, produktiv zu leben. Man muss aktiv leben, die Zeit nicht verschleudern. Sich nicht seine Sinnlichkeit kaputtmachen lassen, sich nicht «verbilligen» lassen. Man sollte versuchen, die Welt immer so zu sehen, als wäre man der erste und einzige Mensch, der diese Welt vorher noch nie gesehen hat, diesen Feuerball da oben, der so hell ist, dass man die Augen schließen muss. Ich kann glücklich sein, wenn ich draußen bin in der Natur, ich bin glücklich, wenn ich ein Mädchen liebe, wenn ich wirklich mit ihr zusammen bin. Dann braucht man nicht mehr zu fragen, was ist der Sinn des Lebens? Dann ist es plötzlich so klar. Und glücklich bin ich natürlich, wenn ich ein Tor schieße. Diese Anspannung, diese Euphorie nach dem Torschuss, dieses Gefühl ist herrlich. Und Glück empfinde ich auch, wenn ich Musik höre. Musik ist die göttliche Sprache, die Sprache von Gott und die Sprache zu Gott.

Ich glaube, der Sinn unseres Daseins liegt darin, dass uns bewusst wird, dass wir ein Teil der Schöpfung sind, dass wir diese Schöpfung so gut wie möglich erhalten müssen und dass wir uns dabei selbst verwirklichen sollen. Das glaube ich.

Mein JENSEITS ist zurzeit im DIESSEITS.

Der Südtiroler REINHOLD MESSNER ist einer der bekanntesten Bergsteiger der Welt. Neben dem Mount Everest bezwang er auch den Nanga Parbat im Himalaya ohne Sauerstoff. Mit seinem Kollegen Arved Fuchs durchquerte er die Antarktis zu Fuß. Er hat bereits zahlreiche erfolgreiche Bücher über seine Abenteuer geschrieben.

REINHOLD MESSNER Von allen meinen Interviewpartnern war Reinhold Messner der «härteste Brocken».
Mein erster Versuch, mit ihm ins Gespräch zu kommen, misslang allerdings durch meine Schuld. In Sulden, einem kleinen Ort am Fuß des Ortlers in Tirol, findet jedes Jahr ein besonderes Ereignis statt, der Almauftrieb der Yaks. Als ich nach fünf Stunden Fahrt aus München endlich ankam, war das Spektakel längst vorbei und Reinhold Messner abgereist.
Ich war völlig fassungslos. Gott sei Dank traf ich Paul Hanni, einen Bergsteigerfreund von Messner. Der hatte ein weiches Herz, ich tat ihm offenbar Leid. «Weischt», sagte er, «am dreißigsten September ham wir Feuerwehr-Fescht, da kummscht wieder, da is der Reinhold bestimmt da. Des krieg ma scho, Mädl.» Ich habe ja gelernt, nicht schnell aufzugeben.
Das nächste Mal reiste ich schon am Abend davor an. Ich ließ das Feuerwehrfest und eine Menge Reden über mich ergehen und versuchte, einen günstigen Moment abzupassen, um Messner anzusprechen. Das ist mir wohl nicht sehr gut gelungen, denn kaum hatte ich ihm mein Anliegen vorgetragen, da sagte er, es interessiere ihn nicht, wie oft ich angereist wäre, er hätte auch schon viele Mühen auf sich nehmen müssen, um seine Ziele zu erreichen. Außerdem sei das Thema so schwierig, dazu hätte er keine Zeit. Mit Tränen in den Augen fuhr ich wieder heim. Nach einiger Zeit klingelte bei mir zu Hause das Telefon. Mein Freund Paul war dran: «Reinhold isch näkschte Woche in München, Pressekonferenz beim Piper Verlag», sagte er.
Ich schaffte es, mich unter die Journalisten zu schmuggeln. Es war meine erste Pressekonferenz. Die Elite der deutschen Journalisten war anwesend: «Stern», «Süddeutsche» und «Spiegel». Alle schrien laut durcheinander. Sie beschuldigten Messner, mit dem Tod des Bruders, der bei der Besteigung des Nanga Parbat 1970 tödlich verunglückte, nur noch mehr Bücher verkaufen zu wollen. Dieser, sichtlich mitgenommen, brüllte zurück: «Das ist Rufschädigung!» Kurzum: Es ging hoch her. Im Nachhinein weiß ich, dass es ein Fehler war, ihn ausgerechnet in dieser Situation anzusprechen. «Ich gebe nie mehr Interviews!», schrie er mich an, und weg war er.
Wochen später war ich am Tegernsee und sah zufällig ein Plakat mit der Ankündigung, dass Reinhold Messner einen Vortrag in Bad Wiessee halten wolle. Ich also nichts wie hin und, es muss ein Wunder geschehen sein, ich traf einen freundlichen, gesprächigen Reinhold Messner …
Gottes Wege sind manchmal verschlungen.

Herr Messner, kommen Sie aus einem frommen Elternhaus?

Ja, meine Mutter war gläubig. Gläubig im wahrsten Sinne des Wortes. Sie hat vielleicht nie darüber nachgedacht, ob sie zu einem personifizierten Gott betet oder ihre Bitten ins Weltall schickt. Aber sie glaubte an Gott, ihr Gebet war ihr eine Hilfe, das schwierige Leben zu meistern.

Ein Vierteljahr vor ihrem Tod haben wir einen langen Spaziergang in Villnöß zusammen gemacht. Wir sind von einer Kirche zur anderen gewandert und dann und wann bei einem Bauernhof sitzen geblieben. Die Leute kannten sie und grüßten und kamen, um nach ihrem Befinden zu fragen – sie war in den letzten Jahren im Dorf eine Art Weise geworden. Wir haben uns über ihre Kindheit, unser Tal und das Leben unterhalten. Auch über Fragen zur Religion. Mir wurde klar: ihr Glaube – ein Urvertrauen in das Leben, in diese Welt, eine Haltung, die ich nachfühlen kann – war in einer Zeit entstanden, die es nicht mehr gibt. Ich habe deswegen auch jede Kleinigkeit ihrer Glaubens- und Lebenshaltung respektiert.

Sind Sie religiös erzogen worden?

Als Kinder hat die Mutter uns in die Kirche geschickt. Sie war aber früher als der Vater bereit zu sagen: «Wenn die Buben nicht mehr in die Kirche gehen wollen, lass sie doch in die Berge gehen.» Sie wusste, dass Zwang nicht zu Gott führt und akzeptierte später, dass wir Kinder alle zur Amtskirche eine Skepsis entwickelt hatten. Sie hat das nicht gestört. Sie glaubte ihrerseits fest an Gott.

Mit mir hat sie oft geplänkelt: «Du wirst schon noch sehen!» oder «Du wirst auch noch gescheiter werden!».

Der Vater war anders. Er wollte uns in der Kirche sehen, weil alle in die Kirche gingen. Es passte in seinen Augen nicht zu Lehrerkindern, dass sie am Sonntag in der Kirche fehlten. Das sah ja der Pfarrer, das sahen die Leute. Und was dachten, was sagten die anderen Leute? Danach richtete er sich. Der Mutter war es nicht wichtig, was die anderen Leute sagten. Uns Kindern auch nicht. So haben wir die Revolte in Nagelschuhen angefangen: Wenn der Pfarrer, nach unserem Dafürhalten, «Blödsinn» predigte, sind wir demonstrativ durch den Mittelgang aus der Kirche hinausgegangen. Für den Vater war das eine Schmach. Es muss furchtbar für ihn gewesen sein, eine Schande. Er hat ja den Pfarrer, der auch unser Religionslehrer war, in seiner Schule danach getroffen. «Was ist denn eigentlich los? Hast du deine Buben nun im Griff oder nicht?», muss er ihn wohl gefragt haben.

Den sonntäglichen Kirchgang empfanden Sie als eine Pflicht, festgeschrieben vom Vater. Wie hat sich denn, unabhängig von den Eltern, das Religiöse für Sie erschlossen?

Es war die Erschütterung beim Anblick der Geißler-Spitzen, als ich bei meiner ersten Bergwanderung aus dem Wald heraustrat und sie sah. Ich war fünf, mein älterer Bruder knapp sieben Jahre alt, als wir auf eine Hochalm in zweitausend Meter Meereshöhe hinaufstiegen. Die Gschmagenhart-Alm liegt auf einer Anhöhe, auf einem Hügel, auf dem nur noch einzelne Bäume wachsen und der nach allen Seiten abfällt. Dahinter, wie eine Kulisse, stehen die

Geißler-Spitzen. Als ich nun nach mühevollem Aufstieg durch den Hochwald – über ein kleines Steiglein hinter den Eltern herstapfend – aus dem Zirbenschatten hinauskam auf diese offene Hochfläche, standen die Geißler-Spitzen gerade im abendlichen Licht, und sie waren so groß und gewaltig, wie ich mir das nie hätte vorstellen können. Da waren Dimensionen zu verarbeiten, die über mein Vorstellungsvermögen gingen, die jenseits meines Sinnenvermögens lagen. Ich erlebte so etwas wie die Unendlichkeit. Die Unendlichkeit kannte ich damals natürlich weder als Begriff noch als mathematische Vorstellung. Aber da war sie, so wie ich sie später nie mehr erfahren habe.

Was bedeutet Gott für Sie?

Für mich ist die Natur, das All, das Ganze, der Kosmos – das kann bis in die letzten Sphären der Sterne reichen – die Dimension, die andere als Gott bezeichnen. Aber da ist keine Vorstellung von Gott. Dennoch ist das Göttliche immer und überall. Ich postuliere Gott nicht. Jeder Mensch, jede Pflanze und jeder Stein ist Gott. Oder wenigstens Teil davon. Aber wenn ich Teil von Gott bin, bin ich auch Gott.

Gibt es einen Zustand, in dem Sie sich besonders als Teil dieses Ganzen empfinden?

Beim Unterwegssein. Ich bin dabei der Mensch, der mit den Beinen denkt, mit fliegenden Lungen philosophiert. Es ist mir dabei, als wüsste ich alles. Als ob ich erleuchtet wäre. Dieser Zustand ist nicht allgegenwärtig und verliert sich in eine Tumbheit, wenn ich zu hoch, zu weit, zu schnell gehe. Bin ich aber selbstvergessen unterwegs, also eingebettet in mein Tun, erreiche ich diesen «Flow». Dann bin ich leicht, frei, le-

bensfroh – gottgleich. Nein, nicht wie der liebe Gott, Alles und Nichts.

In der Bewegung, im Tun sind Sie demnach Gott am nächsten ...

Ja, während ich tue, was ich tun muss, gibt es diese erleuchteten Augenblicke nach innen, in denen ich «es» nicht denke, «es» aber weiß. Wenn wir versuchen, uns einen Gott vorzustellen, müssen wir scheitern. Wie könnten wir Erleuchtung in die Unendlichkeit heben? Leben aber ist Erleuchtung! Was geschieht, wenn ich morgens aus dem Zelt herauskrieche, in großer Höhe vielleicht? Die Sonne geht auf, und ich schaue in die Wolken. All das Zaudern vor dem Aufstehen – gehe ich hinaus, was erwartet mich? – ist abgefallen. Ich bin nur noch da, und alles ist klar. Der Kosmos ist da, ich bin da, meine Position ist in mir und im Ganzen. Gedanken gibt es dann nicht mehr, dafür Emotionen. Überhaupt keine Gedanken mehr, alles ist so selbstverständlich.

Beten Sie auch manchmal?

Ich bin einer, der häufig betet: Aus dem Fenster schauen und die Felsen draußen als harmonisch empfinden, den Vögeln zuhören, durch den Wald gehen ist wie Beten. Ja, das alles ist für mich Gebet. Auch der Wunsch, dass der Hügel von Juval – mein Sommersitz – so bleibt, wie er ist. Gebete sind positive Gedanken.

Sie haben Ihren jüngeren Bruder Günther bei der Besteigung des Nanga Parbat 1970 verloren. Wie haben Sie seinen Tod verarbeitet?

Ich habe alles getan, um Günther ins Tal zu retten und bin zuletzt damit gescheitert. Es bleibt die Schuld, überlebt zu haben. Und mit dieser

Schuld muss ich nicht nur allein für mich, sondern auch innerhalb meiner Familie zurechtkommen. Nicht, dass man uns aufgegeben hatte, sondern dass die Moralisten aus dieser Tragödie ein Geschäft machen, ist ein Verbrechen. Nur deshalb werde ich weiterhin alles unternehmen, um die Leiche meines Bruders zu finden.

Was bedeutet das überhaupt für Sie – Tod? Haben Sie Angst davor?

Der Tod gehört zum Leben dazu. Er gibt ihm die Richtung. Unser Problem ist das Sterben. Es gibt Phasen, in denen ich mehr, dann wieder weniger Angst habe vor dem Sterben. Jedes Mal vor einem Aufbruch kommen Ängste. Ja, ich habe Sorge, auch konkrete Angst umzukommen.

Am wenigsten von dieser Angst war nach der Tragödie am Nanga Parbat übrig geblieben. Damals habe ich erfahren, dass der Tod auch Erlösung ist. Das Umkommen als Ende aller Leiden. Die schönste Phase des Sterbens. Seit damals habe ich so schlimme Erfahrungen nicht wieder gemacht, und meine Ruhe, Gelassenheit und Sicherheit dem Tod gegenüber haben sich wieder verflüchtigt. Leider.

Was kommt nach dem Tod?

Ein Leben nach diesem Leben schließe ich nicht aus. Aber ich schließe es in mein Weltbild auch nicht mit ein. Hier und jetzt soll es nicht bestimmend für mich sein.

Mit dem Tod geht meine Welt unter. Sollte sie in einem anderen Bewusstsein, auch wenn es Teile von mir einschließt, weiterbestehen – warum nicht. Ich glaube nicht, dass die einzelnen Menschen mit ihrem individuellen Bewusstsein in irgendeiner Form «wiedergeboren» werden. Im buddhistischen Sinne geht unser Leben in irgendeiner Form weiter. Und wenn auch nur ein Atom von uns in einer Pflanze weiterlebt.

Haben Sie sich umgekehrt einmal die Frage gestellt, woher Sie kommen?

I don't know. Ich kann nur zurückgreifen auf meine ersten Erinnerungsbilder. Weiter kann und will ich nicht zurück. Ich weiß, dass ich die gesamte Lebensentwicklung in mir trage. Ich war Pflanze, Fisch, Tier. Ich war auch Vogel, und in meinen Träumen kann ich fliegen. Alles liegt gespeichert in mir. Ich bin überzeugt, dass wir aus der Materie herausgewachsen sind. Wie und wann Leben geworden ist, über die Einzeller, Meerestiere, bis zu den Säugern ist ein Thema für die Wissenschaft. Am Ende haben wir uns aus Mängelwesen zum Menschen hochentwickelt, und nach und nach entgleitet uns die Intelligenz wieder.

Uns Menschen aber zeichnet die Seele aus ...

Wir Abendländer haben den Begriff «Seele» nicht erfunden. Wir können das Seelische auch anders nennen. Andere Kulturen haben mehr Beziehung dazu als wir, und damit auch mehr Bezeichnungen für das Seelische. Unser Weltbild, auf griechischen, romanischen, jüdischen, christlichen Fundamenten gebaut, erkennt den Wert der Seele nur begrenzt an.

In der Seele kommt das Religiöse zum Tragen oder die Verehrung des Erhabenen. Das Erhabene, etwas, das wir bewundern, bestaunen, anbeten, befriedigt die Seele, nicht nur den Verstand. Es kann auch die Kunst sein, etwas von Menschen Gemachtes also. Bei mir ist es vor allem die unberührte Natur, die vom Menschen nicht angekratzte Wildnis, in der Weite, Harmonie und Stille herrschen. Solche Landschaften empfinde ich als erhaben.

Inwieweit können wir unser Schicksal selbst bestimmen, und inwieweit ist es uns vorgegeben?

Ob jeder meiner Schritte vorausbestimmt und gelenkt ist, von außen? Ich wünsche mir das nicht. Ich bin überzeugt, dass ich meinen Weg gefunden habe. Ob mein Leben nur so gelebt werden konnte, wie ich es gewagt habe, wer weiß? Die Gesetzmäßigkeit dahinter kann ich nicht aufklären. Würde ich jetzt aber zurückgehen dürfen in mein fünftes Lebensjahr und neu anfangen können, ich würde vermutlich einen ähnlichen Weg gehen. Wir sind wohl unser eigenes Schicksal, ein Entkommen ist nicht eingeplant.

Haben Sie eine Lebensaufgabe, die Sie erfüllen möchten?

Ich möchte ein selbstbestimmter Mensch bleiben und versuche, meine Fähigkeiten auszuspielen auf dieser Erde. Mein Jenseits ist zurzeit also im Diesseits. Zu begreifen, was mir zugänglich ist, zu tun, was mir möglich ist, zu gehen, soweit meine Füße mich tragen!

Meine Bestimmung? Ich habe kein Ziel, in das ich einlaufen will. Vielleicht kann ich ein weiser, alter Mann werden. Ich hoffe, das zu schaffen. Das kann man nicht wollen. Man wird es. Nach den ersten fünf Lebensphasen versuche ich das Erbe einzubringen. Und da ist die Hoffnung, anspruchslos, ruhig, ausgeglichen zu sein. Das heißt für mich, anerkannt zu haben, dass ich nicht weiter kann. Mensch werden, erwachsen sein heißt doch erfahren, dass wir begrenzt sind. In jeder Hinsicht begrenzt; in unserer Sinneswahrnehmung, unserer Intelligenz, unserer Einsicht, begrenzt auch in der Zeit. Unsere Menschwerdung geschieht also in der wachsenden Erkenntnis, dass wir begrenzt sind – seelisch, geistig, körperlich begrenzt. Und wenn wir älter sind, werden wir rasch schwächer, langsamer, ungeschickter. Früher oder später sterben wir. Am besten freiwillig. Ein Mensch stirbt im Grunde gut, wenn er sagen kann: Es wird Zeit. Das haben die alten Tibeter, vielleicht auch die alten Indianer so praktiziert. Sie sind von der Gemeinschaft weggegangen in die Wildnis, um zu sterben. Ich finde dieses Bild sehr schön: sich draußen zu verlieren.

Wo die ANGST ist, da geht es lang.

NINA RUGE ist Fernsehmoderatorin (zurzeit «Leute heute») und Autorin. Die studierte Germanistin beschäftigt sich seit Jahren auch mit spirituellen Themen.

NINA RUGE Um einen Interviewtermin zu bekommen, braucht man sehr gute Nerven. Erst gibt es Zusagen, dann doch nur «fast» Zusagen, dann Absagen oder überhaupt keine Antworten – das sind die Wechselbäder, denen ich ständig ausgesetzt war.
Nina Ruge war eine Ausnahme. Diese Frau wirkt nicht nur effizient, sie ist es. Bereits nach dem ersten Anruf hatten wir uns trotz ihres prallen Terminkalenders in ihrem ZDF-Büro verabredet.
Freitag elf Uhr, pünktlich. Alles wird gut.
Leider bin ich nicht so effizient. Ich verirrte mich heillos im Industriegelände von Unterföhring und kam natürlich wieder einmal zu spät.
Es war inzwischen Mittag geworden, Nina saß bereits ernährungsbewusst vor einem kleinen Salat in der ZDF-Kantine. Sie opferte mir ihre Mittagspause.
Ich hatte erwartet, die glamouröse Nina Ruge in einem schicken Büro an einem schicken leeren Schreibtisch anzutreffen. Aber ihr Büro war winzig und voll geräumt, und auf ihrem Schreibtisch stapelte sich Papierkram.
Kein Glamour weit und breit!
Man sollte vorurteilsfrei an sein Gegenüber herangehen, sagt sie mir in ihrem klugen Interview.
Wie Recht sie hat!

Nina, du wirkst immer so entspannt und professionell.
Hast du nie Angst davor, einmal zu versagen?

Vor einer sehr großen Moderation, wenn ich vor einem hochkarätigen Publikum wie beispielsweise dem Kanzler plus deutscher Wirtschaftselite stehe, dann sprudelt natürlich das Adrenalin. Aber das ist eine gute, eine energetisierende Nervosität, keine Grundangst. Ich habe ein tiefes Urvertrauen in das Leben und darin, dass Gott mich richtig führen wird.

Oft, wenn ich es mit Menschen zu tun habe, die vor etwas nicht wirklich Elementarem große Angst haben, ertappe ich mich bei dem Gedanken: Fürchte dich nicht. Angst ist ein Wegweiser in Richtung neuer Herausforderungen und gehört zum Leben. Und da hat jeder seine Aufgaben zu bestehen. Wenn man dabei Niederlagen erlebt oder in Krisen gerät, dann hat auch das seinen Sinn. Das Entscheidende ist, dass man daraus lernt und die Konsequenzen zieht.

Ganz so einfach ist es doch nicht, manchmal gibt es doch auch berechtigte Angst.

Natürlich. Es gibt Angstsituationen, die hauen die stärkste Persönlichkeit um. Und dennoch: Auf Ängste versuche ich zuzugehen, sie anzuschauen und zu lernen, mit ihnen umzugehen. Als Kind war ich extrem schüchtern, hatte Angst, allein mit der Bahn zu fahren oder vom Einmeterbrett ins Schwimmbecken zu springen. Als ich zwölf war, schrieb ich mir dann an meine Zimmerwand: «Wo die Angst ist, da geht es lang». Diesem Spruch bin ich in meinem Leben mehr oder weniger bewusst gefolgt. Ich habe mich sehr häufig in Situationen begeben, vor denen ich eigentlich Angst hatte – habe sie bewältigt und mich damit von dieser Angst befreit.

Als Teenager wurde ich extrem rebellisch. Ich wollte mich – klassische Pubertätsphase – nicht mehr über die Normen der Eltern definieren, sondern meine eigenen entwickeln, selbst dahinter kommen, was meine Lebensmaximen sein sollten.

Mit siebzehn zog ich von zu Hause aus, lebte in einer Wohngemeinschaft und studierte Biologie und Germanistik, wurde Lehrerin. Nach einem langen Entscheidungsprozess habe ich eines Tages alles hingeschmissen und bin nach Berlin gezogen, allein und ohne Geld. Ich wollte das Filmemachen lernen, hinter der Kamera arbeiten – und hatte bei einigen Produktionen bereits Erfahrungen in den Schulferien sammeln können. Heute macht mir weder der Gedanke Angst, kein Geld zu haben, noch, den Beruf oder die Stadt zu wechseln.

Irgendwann landete ich dann beim Fernsehen. Als ich das Angebot bekam zu moderieren, hat mich das gereizt, auch weil ich Angst davor hatte: Es gibt wohl kaum einen einsameren Job als den vor der Kamera. Diesen mit Authentizität zu füllen, ihn mit Herz zu machen – trotz und gerade wegen der Professionalität und technischen Versiertheit, die er erfordert, das war eine Herausforderung, die mich reizte. Und die mir Angst machte. Das spiegelt wunderbar ein Spruch von Christa Wolf: «Lass hinter dir, was keine Herausforderung mehr darstellt.» Ich habe mir immer die Portion Angst zugemutet, die ich gerade noch bewältigen konnte.

Bist du religiös erzogen worden?

Meine Erziehung bei uns im Elternhaus in Unterpfaffenhofen war aufgeklärt protestantisch. Natürlich war das für ein tief katholisches Dorf in Bayern ein bisschen merkwürdig. Es gab nur wenige Kinder, die in diesen Religionsunterricht «für Abweichler» gingen. Dadurch hatte ich schon früh das Gefühl, ein bisschen anders zu sein als die anderen, doch das hat mich nicht weiter beschäftigt. Denn weder die evangelische Religionszugehörigkeit noch der Katholizismus haben mich tief geprägt.

Wann hast du begonnen, dich mit Fragen des Glaubens zu beschäftigen?

Ich habe in der Pubertät angefangen, mich mit den Grundfragen der Existenz zu beschäftigen. Ich habe natürlich all die Bücher verschlungen, die damals, Anfang der Siebziger, angesagt waren: Von Horst-Eberhard Richter über Erich Fromm bis Sigmund Freud und Karl Marx. Wir diskutierten endlos darüber, was Werte sind, was Glauben bringen kann, was kollektive Übereinkünfte bedeuten und inwieweit wir eventuell eingebettet sind in ein größeres Ganzes. Später, während des Studiums, suchte ich weiter. Ich war in Frauengruppen, Selbsterfahrungsgruppen, probierte Sufi-Tanz, setzte mich mit Baghwan und Carlos Castaneda auseinander, habe sehr früh mit Yoga und Meditation begonnen. Aber auch Habermas faszinierte mich und andere Erkenntnistheoretiker. Alice Miller habe ich verschlungen, das Tao Te King und I Ging – und darüber hinaus faszinierten mich viele Facetten meines Biologie- und Germanistikstudiums: Überall boten sich Chancen, Erkenntnisse über die Grundfragen des Lebens zu gewinnen – und sie auch wieder zu verwerfen.

Irgendwann begann ich, meine eigene Spiritualität und meinen eigenen Wertekanon zu entwickeln. In Organisationen, Selbsterfahrungsgruppen und religiöse Gemeinschaften schnupperte ich zwar rein, hatte aber überhaupt keine Lust, mich zu binden.

Später, als Moderatorin, in diesem Beruf, der anstrengend ist, der zu obskurer Oberflächlichkeit verführen kann – wurden es immer mehr die einfachen Botschaften, die mir wichtig wurden. Als ob alle die Dinge, die mir widerfuhren, eine Art Filter bildeten, die nur Botschaften passieren ließen, die eigentlich schon immer da gewesen waren: in der Bibel, auch im Buddhismus oder in anderen Religionen. Das war ziemlich lustig, denn mir fiel immer wieder auf: Da war ich doch schon mal gewesen! Nur hatte ich damals noch nichts damit anfangen können.

Es war im Grunde so wie in Paulo Coelhos «Alchimist». Gehe raus und suche auf der ganzen Welt – um dann festzustellen: Es ist alles schon lange da, in dir.

Betest du?

Ich meditiere, und ich bete auch manchmal. Aber ich ersetze das Wort «beten» lieber durch «bitten». Ich bitte häufig. Um Gelassenheit. Oder um meine persönliche Entwicklung. Dass ich das, was wichtig ist, klarer erkennen kann. Dass ich meine Aufgabe im Leben meistere, dass ich den richtigen Menschen begegne, die mir auf dem Weg vielleicht eine Stütze sein können – und umgekehrt, dass ich vielleicht anderen eine Stütze sein kann.

Welche Religion kommt deinem Wertekanon am nächsten?

Ich kann diese Frage deshalb nicht beantworten, weil ich Religion nicht mehr unabhängig vom Menschen, vom Bekennenden sehen kann. Ich habe katholische Priester kennen gelernt, Patres in Klöstern, evangelische Pfarrer, Buddhisten, die mich zutiefst berührten: Außergewöhnliche Persönlichkeiten mit einem tiefen Glauben und einer tiefen Weisheit. Ja, es ist Weisheit, die ich suche – unabhängig davon, welcher Religion ein Mensch anhängt.

Die für Normalsterbliche nachvollziehbaren Erkenntnisse von Albert Einstein zum Beispiel, oder Ken Wilber, der für mich zu den Modernsten unter den Spirituellen der Gegenwart zählt. Er hat es verstanden, die Philosophie- und Religionsgeschichte der Menschheit in den Zusammenhang einer neuen, holistischen Betrachtung des Seins zu stellen – und den Bogen zu schlagen von diesen historischen intellektuellen Erkenntnissen zu der Bruchstelle, die unseren Erkenntnisprozess begrenzt. Damit landet er bei einer tiefen Spiritualität.

Was bedeutet für dich spirituell?

Sich auf dem Weg zu befinden. Zu akzeptieren, dass die rein materielle Existenz nicht die einzige ist, und dass ich mich als ein Teil des Weltenganges begreifen kann. Dass intellektuelle Erkenntnis untrennbar verbunden ist mit Wahrnehmung der anderen Dimensionen. Dass ich einer großen Weltordnung angehöre und mit allem verbunden bin, was auf dieser Welt existiert. Mit dem Guten wie mit dem Bösen. Dass ich auch Teil dessen bin, was außerhalb unserer Welt ist.

Und dass ich dieses Bewusstsein in meinem Alltag, in jeder einzelnen Handlung nicht verliere, den Einklang mit diesem Gefühl der Dualität suche.

Was bedeutet für dich diese Erkenntnis im Alltag?

Die Konsequenz ist, dass ich mich immer mehr von unserem egozentrischen westlichen Weltbild entferne und in der Erkenntnis lebe: Wenn wir alle Teil des einen Ganzen sind, empfinde ich ein großes Mitgefühl für alles, was um mich herum ist. Und ich empfinde eine große Ehrfurcht vor dem Leben, vor der Schöpfung und vor den großen Seinszusammenhängen, auch wenn wir sie oft gar nicht erkennen. Das führt mich zu schlichten, aber starken Wertmaßstäben, nach denen ich zu leben versuche.

Dazu gehört, dass ich mich konsequent und so weit ich das in meinen Alltag integrieren kann, für andere einsetze. Ich engagiere mich intensiv karitativ und versuche, für Freunde, für Menschen immer da zu sein, wenn sie mich brauchen. Will heißen: Ich versuche aus der Haltung des Mitgefühls und der Liebe zu handeln.

Und gelingt das auch immer?

Nein, natürlich nicht. Aber ich verzeihe mir, wenn es mir nicht gelingt.

Kannst du denn diese Haltung in deine berufliche Tätigkeit einfließen lassen? Du vertrittst doch mit deiner Fernseharbeit sehr die äußerlichen Werte unserer Gesellschaft.

Es trifft mich immer tief, wenn über mich geschrieben wird, ich sei eine «TV-Klatschtante». Ich weiß natürlich, dass das dem Klischee entspringt, das einer People-Journalistin anhängt. Nur an sich und ihrem Marktwert orientiert, hüpft sie von einer Party zur anderen, trinkt Champagner und berichtet aus der letztlich verrotteten Glitzerwelt. Okay, aber ziemlich viele Zuschauer spüren: Das bin ich zu null Prozent. Ich versuche in meiner Sendung eine vorurteilslose Haltung einzunehmen, Verständnis für andere walten zu lassen, zunächst immer zu fragen, wie einer zu dem wurde, was er ist. Unser Wahlspruch, der Wahlspruch der «Leute heute»-Redaktion ist wie ein Schutzschild vor den Anwürfen des billigen Boulevard: «Die Würde des Menschen ist unantastbar». Ich denke, das ist gerade heute in Zeiten der Big-Brother-Container und Dschungel-Camps entscheidend wichtig. Natürlich kann ich diese Haltung in meiner rein nachrichtlich gebauten Sendung nur in homöopathischen Dosen kenntlich machen, doch wir transportieren sie in jedem Beitrag, in jeder Moderation.

Was verstehst du unter Gott?

Gott ist für mich das Weltprinzip, das alles bedingt und sinnstiftend ist für sämtliche Zusammenhänge. Gott ist der große Plan, den ich nicht kenne und der wirkt.

In diesem Zusammenhang finde ich es hoch interessant, dass viele Wissenschaftler, die an die letzten Grenzen der Erkenntnis vorstoßen, an einem Punkt ankommen, an dem sie sagen: Da ist Gott, da ist die Weltenseele. Einstein hat das zum Beispiel so formuliert.

Wie würdest du den Begriff Seele definieren?

Seele ist das, was aus der Weltenseele kommt, sich für die Spanne eines Lebens in einem Körper manifestiert, um dann – gereift oder auch nicht – irgendwann zurück in die Weltenseele einzutauchen.

Glaubst du an die Wiedergeburt?

Ich glaube nicht an Dogmen. Gerade in östlichen Glaubensrichtungen gibt es ja diesen wunderbaren Ablasshandel: Wenn du im irdischen Leben dieses vollbringst, dann wirst du das nächste Mal viel schicker reinkarniert. So etwas widerstrebt mir völlig, natürlich auch, weil das nicht unserem Erfahrungs- und Kulturhorizont entspringt. Aber ich meine durchaus, es klar zu spüren, wenn ich einem Menschen mit einer sehr alten Seele begegne. Dann erscheint mir der Gedanke der Reinkarnation plausibel und auch tröstlich.

Was sind die drei wesentlichen Werte für dich im Leben?

Liebe. Aufrichtigkeit. Bescheidenheit.

Nina, viele Menschen, denen ich diese Fragen stelle, sagen, darüber möchte ich nicht reden, das ist meine Privatsache. Wieso wollen die Menschen sich nicht öffentlich zu Glaubensfragen stellen?

Hast du auch Angst, über diese Dinge zu reden?

Nein, ich habe keine Angst, aber ich habe Befürchtungen.

Befürchtungen welcher Art?

Wir leben in einer Welt, in der es wenig kollektive Antennen für diese Dinge gibt – und auch jede Menge Scharlatane.

Deshalb habe ich die Befürchtung, missverstanden zu werden, in eine esoterische Ecke geschoben zu werden, die mir überhaupt nicht gefällt. Ich treffe immer häufiger Menschen, die auf einem ähnlichen Weg sind. Es scheint mir heute eine tiefe gesellschaftliche Sehnsucht zu wachsen nach Orientierung, Werten und nach einem Aufgehobensein. Das ist Ausdruck der aktuellen gesellschaftlichen Umbrüche, also beileibe nicht neu: Dietrich Bonhoeffer nannte diese Sehnsucht sehr schön «von guten Mächten wunderbar geborgen». Noch sind wir so stark vom materiellen Denken und Streben dominiert, dass diese Themen flugs zu neuen Geschäftszweigen gemacht werden, in der Esoterik-Szene zum Beispiel, von der ich mich ganz stark abgrenzen möchte.

Wir haben ja noch nicht mal ein kollektiv vereinbartes und verständliches Vokabular für diese neue Form der Spiritualität. Das merken Sie ja auch jetzt in unserem Gespräch. Da gibt es viel zu wenige Worte, um das Gemeinte angemessen zu beschreiben – und die wenigen Worte sind in ihrer Bedeutung mehrfach und widersprüchlich belegt. Wer verfügt bitte über den Wortschatz, mit dem er die Breite, die Tiefe spiritueller Erfahrung im 21. Jahrhundert angemessen und vor allem allgemein verständlich wiedergeben könnte? Und wenn man wie ich in der Öffentlichkeit steht, dann wird man gerne falsch zitiert, mit Statements, die völlig aus dem Zusammenhang gerissen wurden. Deshalb überlege ich mir sehr gut, was und wie viel ich in der Öffentlichkeit äußere.

Welche Ziele hast du, welche Vorsätze hat Nina Ruge?

Ich möchte Mut machen. Meiner Familie, meinen Freunden, meinen Zuschauern. Mutter Teresa hat einmal gesagt, lass nicht zu, dass jemand nicht lächelt nach einer Begegnung mit dir. Ich möchte Lächeln verbreiten. Und hier haben wir sofort das, was ich vorhin mit «Befürchtung» gemeint habe. So eine Äußerung ist grenzwertig, gefundenes Fressen für die Zyniker der Comedy-Shows dieser Republik. Dinge, die mir wichtig sind, möchte ich nicht als Futter für deren Zynismus-Maschinerie liefern …

Okay, also für diesen Satz gehe ich das Risiko ein: Es geht mir um ein Herzenslächeln. Vertrauen zu schaffen, Ängste zu nehmen. Anderen und natürlich auch mir selbst zu helfen, meinen Lebensplan zu erfüllen.

Welchen Rat würdest du einem Menschen geben, der Gott sucht, ihn entweder nicht gefunden oder ihn sogar verloren hat?

Ich würde ihm raten, sich zunächst schlicht und einfach den Gedanken zu gestatten: «Ich suche nach Glauben, und ich suche nach Gott.» Und das ohne Emotionen, also ohne Erwartungsdruck. Schon allein der Gedanke kann dazu führen, dass dieser Suchende auf Menschen trifft, die ihm den Weg weisen. Denn Menschen, die einen ehrlichen Bezug zu Gott und zum Glauben haben, gibt es überall.

... VERSUCHE ich immerzu in das NIRVANA einzutauchen.

ROBERT THURMAN Der Professor für tibetische Philosophie an der Universität von Columbia ist seit vierzig Jahren eng mit dem Dalai Lama befreundet und leitet außerdem das Tibet House in New York. Seine Tochter Uma Thurman ist ein internationaler Filmstar.

ROBERT THURMAN Im Herbst 2002 kam der Dalai Lama zu einem Kalachakra nach Graz. 10 000 Menschen aus aller Welt wurden erwartet, die mit seiner Heiligkeit um Frieden und Toleranz bitten wollten. Neugierig machte ich mich auf den Weg in die Steiermark.

Als ich vor der Grazer Stadthalle stand, fragte ich mich, ob es mir gelingen würde, in diesem nüchternen Betonbau Frieden im Gebet zu finden. Meine Freunde hatten Plätze in der VIP-Loge. Mich traf fast der Schlag, als ich hörte, dass dieses Privileg, näher an seiner Heiligkeit zu sein, 3000 Euro kosten sollte. Ein hoher Preis ist ja schließlich keine Garantie für die Erleuchtung ...

Als der Dalai Lama wenig später die Halle betrat, ging ein Raunen durch die Menge, einige verneigten sich, andere warfen sich der Länge nach nieder. Neben mir landete ein Zwei-Meter-Mann so heftig auf dem Boden, dass ich schon befürchtete, er hätte sich alle Knochen gebrochen. Es war Robert Thurman.

Die Ernsthaftigkeit und der religiöse Eifer Thurmans waren beeindruckend. In den Gebetspausen, bei Buttertee und Tofu, kam man sich ein bisschen näher, und ich lernte auch Nena, Thurmans Frau kennen. Die beiden sprachen oft von ihrer Tochter. Uma drehte gerade mit Quentin Tarantino «Kill Bill», einen Film, in dem sie reihenweise Menschen umbringt. Für ihre Eltern, deren Idealvorstellung eine gewaltfreie Welt ist, bedeutet das Leben ihrer Tochter als Superstar sicherlich auch ein Problem.

Leider hat mich das Kalachakra nicht erleuchtet, aber ich habe mich im buddhistischen Sinne auf den Pfad begeben und viele geistige Anregungen mit nach Hause genommen.

Mr. Thurman, in sehr jungen Jahren lebten Sie als buddhistischer Mönch in einem tibetischen Kloster, seit fast 40 Jahren sind Sie ein enger Freund des Dalai Lama. Haben Sie eine besondere religiöse Erziehung genossen, um diesen Weg einzuschlagen?

Nein, überhaupt nicht. Ich wurde sehr weltlich erzogen. Das Einzige, was meine Eltern mir an Religiösem mitgaben, waren ein paar protestantische Elemente.

Hat denn der christliche Gott in Ihrem Glauben noch eine Bedeutung?

Meiner Ansicht nach ist der Gott von Sinai ein ganz eigener, individueller Gott inmitten einer riesigen Anzahl anderer Götter. Er war vor allem für das jüdische Volk wichtig, vielleicht auch für Christen und Moslems. Aber er ist nicht allmächtig, nur gelegentlich mitfühlend und noch sehr weit davon entfernt, erleuchtet zu sein!

Was zeichnet dann einen Gott, Ihrer Meinung nach, aus?

Götter sind übermenschliche Wesen, die durch enorme Leistungen in ihrer Entwicklung zu solchen geworden sind. Früher waren sie selbst einmal Menschen, auch Tiere, und sie werden es wieder in Zukunft sein. Götter sind nicht notwendigerweise erleuchtet.

Gibt es dann überhaupt eine «göttliche Sphäre» – und wie können wir diese erreichen?

Es gibt eine höchste, absolute Wirklichkeit – und das ist nichts anderes als das buddhistische Nirvana. Der Weg dorthin bedeutet Loslösung von allem Weltlichen, Mitgefühl und eine spezielle Weisheit über das Wissen dieser absoluten Wirklichkeit.

Gemäß meinem Glauben versuche ich immerzu in das Nirvana einzutauchen. Ich meditiere oft, ich bete. Aber ich bekomme nur gelegentlich einige verschwommene Erkenntnisse, etwa wenn ich nachdenke oder in einigen kurzen Momenten der Freude.

Zu wem beten Sie?

Ich bete zu Buddhas und Bodhisattvas, zu Göttern und Engeln. Ich möchte damit ein wenig in die Geschehnisse auf diesem Planeten eingreifen, um Lebewesen vor dem Leiden zu bewahren und vor blödsinnigen Verletzungen, die sie einander zufügen.

Wenn Sie zu Engeln und Göttern beten, spüren Sie, dass von dort etwas zu Ihnen zurückkommt?

Aber sicher. Nur sind das nicht in erster Linie Boten oder Botschaften eines persönlichen Gottes, sondern eher erleuchtete Abgesandte, aber auch seltene engelsgleiche Gottheiten, die hier auf Erden leben. Meine Frau Nena ist mit Sicherheit ein Engel.

Stehen Sie Ängste aus?

Klar, ich habe Angst vor Schmerzen und Leid, besonders was die liebsten Menschen um mich herum betrifft. Ich fühle nicht weniger Angst durch meinen Glauben an Gott.

Haben Sie durch Ihren Glauben zu einer allumfassenden Liebe gefunden?

Ich habe heutzutage so etwas wie eine Ahnung von der allumfassenden Liebe als der größten Kraft im Universum. Aber nicht der Erschaffer dieses Universums und auch nicht mein Glauben an Gott oder an alles andere haben mich dazu gebracht. Es rührt mehr von einer kritischen Weisheit her, die die Dinge analysiert. Ich entdeckte einige Aspekte einer großen Leere, die die unendliche Beziehung aller Dinge miteinander und die Verbindung aller Wesen zueinander bewirkt, und das setzt die Liebe voraus.

Haben Sie eine Lebensaufgabe, die Sie erfüllen möchten?

Unser Schicksal wird von unseren früheren, zurückliegenden Entwicklungsschritten (Karma) stark bestimmt. Mein Ziel im Leben ist es, so schnell wie möglich zur Erleuchtung zu finden: ein Buddha zu werden, ein Wesen von vollkommener Glückseligkeit, der seine Zufriedenheit durch Liebe und höchstes Glück mit anderen teilen kann. Wenn ich diesen Zustand im jetzigen Leben nicht erreichen kann, dann möchte ich das in einem nahen zukünftigen Leben schaffen.

Freiheit ergibt sich aus LIEBE und RESPEKT.

HAPE KERKELING ist einer der bekanntesten deutschen Entertainer. Mit dem tückischen Kleinkind «Hannilein» aus «Kerkelings Kinderstunde» und der Nonsens-Show «Total normal» gelang ihm in den 80er Jahren der große Durchbruch. Ende der 90er Jahre entstanden die Folgen der Show «Darüber lacht die Welt». Heute moderiert er unter anderem «Die 70er Show» bei RTL.

HAPE KERKELING kam im Herbst 2003 nach München und trat im Zirkus Krone auf. In seiner Verkleidung als Königin Beatrix war er mir unvergessen, aber das hatte ich nur im Fernsehen erlebt. Deshalb war ich sehr auf sein Life-Programm gespannt. Penny McLean hatte mich angerufen, die Hape schon lange kannte und ihn mir unbedingt vorstellen wollte. Er würde mich sicher interessieren, so meinte sie, weil er ein zutiefst gläubiger Mensch sei, der gerade den Jakobsweg, von Saint-Jean-Pied-de-Port nach Santiago de Compostela, gegangen war. Ich hatte noch niemanden getroffen, der diesen mühevollen und traditionsreichen Pilgerweg geschafft hatte. Dass ausgerechnet unser Comedy-Star der Erste war, überraschte mich sehr.

Es war ein wunderbarer Abend, Hape zog alle Register. Er stand allein auf der Bühne, eine Pointe jagte die andere, ich konnte zwei Stunden lang Tränen lachen. Was musste das für ein temperamentvoller Mensch sein!

Am nächsten Tag trafen wir uns in einem Hotel. Und plötzlich stand ich einem stillen, introvertierten, ja schüchternen Menschen gegenüber. Ich war fassungslos. Es gelang mir kaum, ihm eine Antwort zu entlocken. Ich hatte mir nach diesem brillanten Abend so viel von unserem Gespräch versprochen, hatte aber den Eindruck, dass sich Hape zu der Seite seines Wesens, auf die meine Fragen zielten, nicht äußern wollte. Ich war verzweifelt, musste aber akzeptieren, dass dies wohl nicht der richtige Zeitpunkt für so ein Gespräch war.

Als ich ihn einige Monate später bei der Verleihung des Bayerischen Fernsehpreises traf, war er aufgeschlossen und gesprächig und ich konnte mein Interview erfolgreich zu Ende bringen.

Hape, was hat dich motiviert, dich auf eine Pilgerreise zu begeben und den mühevollen Jakobsweg zu gehen?

Also zunächst einmal bin ich ja nicht die gesamte Strecke gelaufen. Aber immerhin habe ich in sechs Wochen etwa 500 Kilometer zurückgelegt. Ich wollte mich einfach einmal eine Zeitlang ausschließlich der Frage widmen: Was ist eigentlich mein Glaube? Was passiert mit mir, wenn ich mich auf diesen klassischen Pilgerweg begebe? Auf dem Jakobsweg sind ja schon seit über Tausenden von Jahren viele Millionen Pilger gegangen. Welche spirituelle Erfahrung kann ich dabei machen? Erlebt man auf die eine oder andere Weise Gott, und was passiert da mit einem? Es war eine spirituelle Suche.

Und, was ist mit dir passiert?

Ich habe sehr viele kleine Erfahrungen gemacht, die letztendlich zu einer großen Erfahrung geführt haben. Es war eine Art Begegnung mit Gott, die aber so persönlich ist, dass ich nicht darüber sprechen möchte. Ich könnte es auch gar nicht richtig erzählen, weil mir dazu die richtigen Worte fehlen. Aber es war in der Tat eine Begegnung mit Gott. Das liegt natürlich zum Teil an diesem Weg. Aber vor allem liegt es auch daran, dass man dann auch bereit ist, sich zu stellen. Man geht noch einmal alle Ängste, alle Probleme durch, die man im Leben bis dahin erlebt hat. Irgendwann bekommt man das Gefühl, dass der Blick nicht nur in die Vergangenheit, sondern auch in die Zukunft geht. Dieser Jakobsweg ist ein Mysterium, das kann man nur schwer beschreiben. Ich glaube, dass jeder, der sich auf diesen Weg begibt, irgendwann zwangsläufig die eine oder andere spirituelle Begegnung hat. Und das klingt jetzt vielleicht albern: Wenn man für diese Erfahrung noch nicht bereit ist oder die ganze Sache nur unter einem sportlichen Aspekt durchziehen will, dann wird man aus dem Rennen gekickt. Diese Leute können plötzlich nicht mehr weiterlaufen. Das habe ich oft erlebt.

Wie hast du diese 500 Kilometer physisch überstanden?

Ich bin überhaupt kein guter Läufer. Eigentlich hasse ich es, mich zu bewegen. Deshalb hatte ich mich vorsichtshalber reichlich mit Blasenpflastern ausgerüstet. Unterwegs bin ich vielen Sportlern begegnet, die nach zwei Wochen abbrechen mussten, weil sie Blasen an den Füßen hatten. Ich hatte keine. Keine einzige! Die Füße haben mir höllisch wehgetan, aber ich hatte nicht eine Blase. In Santiago angekommen, habe ich mir eine Fußmassage gegönnt. Der Masseur machte große Augen, er sagte mir, er hätte noch nie solche unversehrten Pilgerfüße gesehen. Er wollte mir nicht glauben, dass ich 500 Kilometer gelaufen bin. Das ging so weit, dass ich mir schon fast Blasen gewünscht habe, um mich nicht dauernd verteidigen zu müssen.

Wo hast du während dieses wochenlangen Fußmarsches übernachtet?

Es gibt die traditionellen, einfachen Übernachtungsmöglichkeiten am Weg. Aber das habe ich nur zweimal ausprobiert. Das waren keine Pilgerherbergen, ja nicht einmal Jugendherbergen. Mir kam das darin vor wie im Knast. Außerdem war es laut, teilweise wurde randaliert, nein, das war nichts für mich. Da habe ich mir gedacht, ich werde mir doch ein nettes Zimmer in einer Pension leisten können, wo ich mich vom verdammt harten Weg ausruhen und am nächsten Tag ein schönes Frühstück zu mir nehmen kann. Und das habe ich getan.

Was war die Essenz dieses Weges für dich?

Wenn ich es wirklich knapp zusammenfassen soll: dass der Wille in der Tat Berge versetzen kann. Und ich weiß jetzt, dass ich noch genauso weit von der Erleuchtung entfernt bin, wie ich ihr nahe bin.

Würdest du den Weg noch einmal gehen?

Ich habe damals gedacht, ich werde das nie wieder machen. Aber jetzt bin ich mir nicht mehr so sicher. Vielleicht gehe ich doch noch einmal den Jakobsweg, oder ich laufe quer durch Italien nach Rom.

Hattest du eine religiöse Erziehung?

Ich bin katholisch erzogen worden, nicht streng katholisch, aber doch mit allen Segnungen dieser Kirche, angefangen mit der Taufe über die Kommunion bis zur Firmung. Das hat mir auch alles sehr gut gefallen, bis mir irgendwann klar wurde, dass ich viele Dinge, die die katholische Kirche vertritt, nicht in meinem Glauben integrieren kann. Deshalb bin ich ausgetreten. Aber ich würde trotzdem sagen, dass ich nach wie vor katholisch bin.

Du bist aus der katholischen Kirche ausgetreten und sagst, dass du Katholik bist?!

Gelernt ist gelernt. Ich bin mit diesen Ritualen aufgewachsen, so etwas kann man nicht so einfach über Bord werfen. Da gibt es für mich viele Abstriche und Fragezeichen, aber nichtsdestotrotz, das ist die Tradition, in der ich groß geworden bin, und so was schüttelt man nicht so einfach ab. Ich könnte auch sagen, ich bin christlich. Das ist mein Rüstmaterial, das mir in meiner Jugend mitgegeben wurde. Und das möchte ich ungern abwerfen. Für mich formuliert sich die Essenz meines Glaubens in der Bergpredigt.

Hast du dich auch mit anderen Religionen auseinander gesetzt oder vielleicht sogar überlegt, eine andere Religion zu wählen?

Ich glaube schon, dass der Mensch eine Art Hilfe braucht, die ihm sagt, wie man sich Gott nähern kann. Und das geht sehr gut über eine Religion. Ich interessiere mich für Buddhismus und finde seine Ideen auch inspirierend. Ich sehe da vieles, was mich spirituell weiter bringt. Wäre ich in einer buddhistischen Tradition aufgewachsen, dann wäre ich heute Buddhist. Aber meine Tradition ist der katholische Glaube, deshalb sage ich, ich bin Katholik.

Welchen Rat würdest du einem Menschen geben, der mit seinem Glauben nicht klar kommt und der seine Angst überwinden will?

Ich würde ihm vielleicht sagen, gehe pfleglich mit dir um und horche immer wieder tief in dich herein. Da bekommst du unter Umständen eine Antwort und findest vielleicht die Wahrheit, die nur für dich wichtig ist. Und was die Angst betrifft: Mach dir klar, wovor du Angst hast und versuche sie in ihr Gegenteil umzuwandeln. Das müsste dann mit einer Art Mischung aus Liebe, Vertrauen und Weisheit geschehen. So versuche ich das, mit Hilfe von oben, wenn ich Ängste habe.

Was bedeutet für dich der Begriff spirituell?

Spirituell bedeutet die Fähigkeit, die Verbindung zu dieser Urenergie, zu Gott, zu spüren.

Und daraus auch noch etwas schöpfen zu können.

Kannst du beschreiben, wie sich dein Glaube im Laufe deines Lebens verändert hat?

Ich habe das Gefühl, dass ich mich, je älter ich werde, immer mehr dem Glaubensbild meiner Kindheit annähere. Damals habe ich das starke Gefühl gehabt, so eine Art Lichtpräsenz in mir zu haben, die eine große Zuversicht in mir erzeugt hat. Und je älter ich werde, desto mehr finde ich den Weg zurück zu dieser Zuversicht.

Was sind die drei wesentlichen Werte für dich?

Der allerhöchste Wert ist die Liebe. Jeder sollte dem anderen mit so viel Liebe wie möglich begegnen. Alles andere ergibt sich daraus. Alles andere ist der Liebe untergeordnet. Freiheit ergibt sich aus Liebe und Respekt.

Ich habe dich auf der Bühne erlebt und zwei Stunden lang ununterbrochen gelacht. Du hast ein Feuerwerk auf der Bühne entfacht. Als ich dich am nächsten Tag zum Interview traf, wirktest du eher schweigsam und introvertiert. Welcher Hape ist der echte?

Beide. Das geht Hand in Hand. Wenn ich auf Tournee bin, dann muss ich meine Energien für den Abend sparen. Dann will ich ein Feuerwerk ablassen und darin mehr oder weniger aufgehen. Das bedeutet, dass ich tagsüber relativ spartanisch und klösterlich lebe und mir dazu so eine Art Schweigegelübde auferlege, damit ich am Abend bei Kräften bin.

Dein Vater war Tischler und deine Mutter Floristin. Woher kommt deiner Ansicht nach dein künstlerisches Talent?

Das ist mir, ganz simpel gesagt, in die Wiege gelegt worden. Aber was man aus seinen Talenten macht, liegt an einem selbst. Ich habe mich sehr diszipliniert, um meine Fähigkeiten zu entwickeln.

Könntest du sagen, dass deine Erfahrungen am Jakobsweg dein Leben verändert haben?

Nein, nicht mein Leben, sondern meinen Blick aufs Leben. Und mein Verhalten. Wie soll ich das beschreiben: Ich gebe einzelnen Dingen nicht mehr so viel Gewicht. Eine schlimme Kritik wirft mich nicht mehr aus der Bahn, ebenso, wie ein großes Lob mich nicht mehr so übermäßig berührt. Wenn man so will, bin ich da eher in meiner Mitte angekommen. Oder vielleicht näher an meine Mitte gerückt. Aber ich bin leider noch längst nicht da.

Wo ist dieser GOTT, der für mich IMMER da ist, bei ANDEREN Menschen?

Die Regisseurin CAROLINE LINK bekam 2003 die höchste internationale Auszeichnung, den «Oscar», für ihren Film «Nirgendwo in Afrika». Die Münchnerin ist nach Volker Schlöndorff («Die Blechtrommel») die zweite Deutsche, die jemals den «Oscar» gewonnen hat.

CAROLINE LINK Der Oscar für «Nirgendwo in Afrika» unter der Regie von Caroline Link war eine Sensation. Sie selbst war bei der Verleihung in Los Angeles nicht anwesend, denn ihre kurz zuvor geborene Tochter war schwer erkrankt. Ich glaube, jeder andere aus der Filmbranche hätte alles stehen und liegen lassen, um diese höchste Auszeichnung entgegenzunehmen.

Ihre Filme «Jenseits der Stille» und «Nirgendwo in Afrika» haben mich durch ihre Menschlichkeit und Ehrlichkeit tief beeindruckt. Ich traf Caroline Link, als sie bei einem Festival für ein Umweltprojekt Wassergläser signierte. Ich hatte ja keine Ahnung, ob sie sich für mein Buch-Thema interessieren würde. Im Gedränge fiel mir dann keine bessere Frage ein als: «Glauben Sie an ein höheres Wesen?» Worauf sie wie aus der Pistole geschossen antwortete: «Ja, natürlich.» So kamen wir ins Gespräch.

Das Interview fand im Café statt. Aus Angst, wieder einmal zu spät zu kommen, parkte ich meinen Wagen irgendwo ziemlich kriminell. Caroline Link war schon vor mir da, und wir kamen rasch ins Gespräch. Natürlich gratulierte ich ihr zum Oscar. Trotz vieler verlockender und vielleicht einmaliger Angebote aus Amerika werde sie sich aber erst einmal zwei Jahre ihrem Kind widmen, meinte sie in ihrer ruhigen, unprätentiösen Art.

Kurze Zeit später entfernte ich die Strafzettel hinter meinem Scheibenwischer. Aber dieses Interview war mir weit mehr wert als die läppischen 20 Euro Strafe fürs Falschparken.

Caroline Link, innerhalb eines Jahres haben Sie Pauline und Oscar bekommen. Pauline ist Ihre kleine Tochter, und der Oscar ist der Preis, den Sie 2003 für Ihren Film «Nirgendwo in Afrika» erhalten haben. Sind Sie für diese beiden besonderen Geschenke dem lieben Gott dankbar?

Natürlich. Was Pauline betrifft, bin ich unendlich dankbar, dass es sie gibt und dass sie gesund ist. Erst durch ihre Krankheit, diese Darmeinstülpung, die sie als Baby hatte, ist mir wirklich bewusst geworden, dass Gesundheit keine Selbstverständlichkeit ist. In der Angst um Pauline habe ich mich schon an Gott gewendet und gebetet ... Ja, ich habe gehofft, dass da eine Instanz ist, die uns helfen kann, dass sie wieder gesund wird und alles unbeschadet übersteht.

Vielleicht bin ich darum auch eine ziemliche Gluckenmutter. Viel mehr, als ich es vorher geahnt hätte. Es fällt mir sehr schwer, Pauline wegzugeben. Morgens, wenn ich sie zur Kinderbetreuung bringe, möchte ich sie am liebsten gleich wieder mitnehmen, weil ich sie gerne den ganzen Tag bei mir hätte. Obwohl es mich anstrengt und ich abends wirklich k.o. bin.

Auf der anderen Seite liebe ich meinen Beruf. Und die Möglichkeiten, die sich jetzt durch den Oscar für mich auftun, die möchte ich nicht an mir vorbeigehen lassen. Sonst ärgere ich mich hinterher darüber, dass ich nichts daraus gemacht habe.

Insofern war das Timing nicht ganz ideal, obwohl die meisten Leute sagen: Das ist doch unglaublich toll – in einem Jahr den Oscar und ein Baby! Aber es macht sich schon Konkurrenz ... Wobei ich den Oscar noch ein wenig hätte aufschieben können, das Kind nicht. Ich werde bald vierzig und wollte das Kind unbedingt, weil ich das Gefühl hatte, meine biologische Uhr tickt. Und wenn es jetzt nicht passiert wäre, wäre es gar nicht mehr passiert.

Ist Ihr Kind getauft?

Ja, das war uns beiden, Dominik und mir, ganz wichtig. Dominik behauptet zwar immer: aus kulturellen Gründen – genauso wie man auch wissen muss, was in der Bibel steht, wenn man in unserem Kulturkreis aufwächst.

Aber die Taufe haben wir schon ein bisschen unkonventioneller gestaltet als üblich. Über meine Freundin Juliane Köhler, die Schauspielerin ist, hatte ich von einem Pfarrer gehört, der seine Taufen ganz anders als üblich durchführt. Als Juliane von ihm erzählte, erinnerte ich mich plötzlich, dass ich ihn schon bei einer Hochzeit erlebt und mir seine Art sehr gefallen hatte. Ich rief diesen Pfarrer also an, und er kam zu einem langen, ausführlichen Gespräch zu uns. Er macht die Taufen immer draußen in der Natur, an der Isar, im Wald, an Orten also, die einem etwas bedeuten. Und da ich Gott am ehesten in der Natur finde, hat mir das sehr zugesagt. Wir haben dann beschlossen, die Taufe an der Isar abzuhalten, im Mühltal, hinter Strasslach. Das war auch wirklich sehr schön, denn es war für alle Beteiligten, die ganze Familie, ein besonderes Erlebnis. Schlussendlich mussten wir dann doch in eine Kapelle gehen, weil es angefangen hatte zu regnen. Trotzdem hat es mir sehr viel bedeutet, weil ich dort unten an der Isar gerne bin. Das ist ein schöner, inspirierender Ort.

Wer oder was ist Gott für Sie? Wo finden Sie ihn am ehesten?

Als Kind hatte ich die Vorstellung von einem alten Mann mit Bart auf einer Wolke im Himmel. Das hat sich natürlich gewandelt.

Heute ist Gott einfach eine spirituelle Größe für mich, mit der man jedoch kommunizieren kann. Vielleicht ist Gott auch derjenige oder dasjenige, was mir mein Gewissen gibt ... Meine Vorstellung von richtig und falsch hat sicher sehr stark etwas mit meiner Vorstellung von Gott zu tun.

Ja, er ist eine Instanz, die mir sagt: das war richtig, das war falsch. Die mir die Richtung weist: das ist der richtige Weg, das ist der falsche.

Natürlich begegnet mir Gott auch in der Natur ganz stark. Aber vor allem ist er ein Wertmaßstab für mein Handeln und Tun.

Sie haben erwähnt, dass Sie auch beten. Beten Sie jeden Tag?

Nein, heute nicht mehr. Als ich klein war, habe ich immer mein Standardgebet runtergenudelt und dachte, wenn es besonders anstrengend ist, dann ist der liebe Gott beeindruckt, dass ich mir die Mühe mache. Das war dieses: «Müde bin ich, geh zur Ruhe, schließe meine Augen zu. Vater lass die Augen dein über meinem Bette sein. Habe ich Unrecht heute getan ...» und so weiter.

Ganz früher hat meine Mutter mit uns gebetet: «Ich bin klein, mein Herz ist rein, soll niemand drin wohnen, als ...» Dann kam eine Liste von Menschen. Und da war jedes Mal ganz wichtig, dass man niemanden vergisst, damit derjenige um Gottes willen keinen Schaden erleidet. Natürlich haben die das nie mitgekriegt, aber man musste sie alle erwähnen vor Gott, damit der auch keinen übersieht.

Und heute als erwachsene Frau?

Wenn ich heute mit Gott spreche, dann formuliere ich das der Situation angemessen, je nachdem. Ich ertappe mich natürlich dabei, dass ich vor allem, wenn ich Angst habe oder mir Sorgen mache, um etwas bitte, und dann habe ich immer noch wie ein kleines Mädchen ein schlechtes Gewissen und denke mir, jetzt musst du aber auch, wenn es gut geht, dankbar sein und das nicht gleich wieder vergessen.

Seit ich selber ein Kind habe, empfinde ich oft ganz extrem große Demut und Dankbarkeit vor dem Schicksal. Gerade wenn man mal erlebt hat, dass ein Kind von einem Moment zum anderen todkrank werden kann, also wirklich sterben könnte ... dass man eben nicht alles im Griff hat und Hilfe braucht, die, wie ich finde, nur gottgegeben sein kann ... denn wer kann einem in einem solchen Moment sonst helfen?

Was bedeutet für Sie der Begriff «spirituell»?

Spirituelle Menschen sind für mich Menschen, die sich Gedanken machen über den tieferen Sinn ihrer Existenz und über das Zusammenleben mit anderen Menschen. Spirituell heißt für mich, sich abzukehren von diesem extrem weltlichen, materiell ausgerichteten Leben, das wir alle leben, hin zu einem innerlicheren Gedanken. Sich konzentriert Zeit zu nehmen und sich ganz ... wie soll ich sagen ... mit jenen Dingen zu beschäftigen, die in einem größeren Zusammenhang stehen. Bei denen es nicht darum geht, immer nur um das eigene kleine Selbst zu kreisen.

Es gibt Spiritualität wohl in verschiedenen Stärken oder Dimensionen. Spiritualität kann für mich sein, sich täglich einen Moment zu nehmen, in dem man entweder betet, meditiert oder sich einfach zurückzieht. Für mich hat Spiritualität viel mit Ruhe zu tun. Mit Abgeschlossenheit. Mit Einsamkeit auch, im positiven Sinne. Sich einfach wirklich auf das Innere zu konzentrieren und auf die geistige Dimension unseres menschlichen Daseins zu besinnen.

Meditieren Sie?

Nein, eigentlich nicht. Es fällt mir schwer, mich zu konzentrieren. Meine Gedanken wandern dann immer in tausend und eine Richtung. Das geht nicht einfach so: auf einem weißen Teppich sitzen, die Augen zumachen und jetzt meditiere ich mal ein bisschen. Das muss man richtig lernen und immer wieder üben.

Grundsätzlich ist es einfach nicht mein Ding, mich irgendwo ruhig in einen Raum zu setzen und in der Einsamkeit auf die richtigen Gedanken zu kommen. Ich bin gerne in Bewegung, das liegt vielleicht an meinem Naturell. Einfach kilometerlang geradeaus zu laufen, oder Fahrrad zu fahren ... Das genügt, damit ich zu einer inneren Ruhe komme. Wichtig ist, dass ich mich dabei ganz auf mich selbst zurückziehe. Alleine bin. Auf langen Autofahrten kann ich zum Beispiel über meine Arbeit ganz konzentriert nachdenken.

Glauben Sie an Reinkarnation?

Nein ... Ich glaube an diesen schönen Satz – ich glaube, er ist von Goethe: «Kein Wesen wird zu Nichts zerfallen, das Ew'ge regt sich fort in allem.»

Was besagt, dass da eine Energie ist, die fortlebt. Ja, ich denke, dass die Energie oder der Geist von uns im Universum fortbesteht, spürbar da ist. Aber ich kann mir nicht vorstellen, dass ich als Mensch in einem anderen Menschen oder in einem Tier wieder auftauche. Dieser Gedanke ist mir völlig fremd.

Gibt es Ihrer Meinung nach Schutzengel?

Nein, nicht im figürlichen Sinne. Engel ... dieser Ausdruck ist für mich schon wieder zu konkret. Ich glaube an Gottes schützende Hand. Wenn ich meinem Kind also einen Schutzengel ans Babybettchen binde – wir haben eine Figur aus Zinn geschenkt bekommen, und die habe ich damals an die Wiege gehängt – dann glaube ich nicht an die Kraft dieser Figur, sondern an den göttlichen Schutz dahinter.

Wobei ... na ja ... wenn man es umgekehrt betrachtet, hieße das für Menschen, die Pech haben im Leben oder Schlimmes erleiden müssen – ich denke da an Kinder in Krisengebieten –, dass die von Gott vernachlässigt und nicht beschützt werden.

Schon als Kind hat mich dieser Gedanke irritiert: Wo ist dieser Gott, der für mich immer da ist, bei anderen Menschen? Was ist das für ein arroganter Gedanke zu glauben, dass ich den Schutz mehr verdient habe als andere ... Ich kann deswegen immer nur Dankbarkeit empfinden, dass es mir so gut geht. Weil ich mir nicht vorstellen kann, dass Gott bei anderen nicht so genau hinschaut.

Wie drückt sich diese Dankbarkeit aus?

Unter anderem in meiner Freude, dass zum Beispiel «Jenseits der Stille» konkret in der Gehörlosenpolitik etwas bewegt. Ich bekomme Briefe von Gehörlosen, in denen steht: Seit es diesen Film so erfolgreich im Kino gibt, werden wir in der U-Bahn zwar noch immer angestarrt, wenn wir gebärden, aber die Leute lächeln und tun so, als wüssten sie jetzt auch etwas von Gehörlosen, weil sie diesen Film gesehen haben. Das Bild von uns hat sich verändert. Das ist etwas, was ich wirklich schön finde und was mich dankbar macht. Dass ein Film das so kann, hätte ich gar nicht gedacht. Jedenfalls nicht mein Film.

Es gibt Momente, in denen ich so glücklich bin, dass ich diesen Beruf habe. Als wir zum Beispiel «Nirgendwo in Afrika» gedreht haben und ich in Kenia morgens um sechs vor dem Zelt stand und die Sonne ging auf, da dachte ich, wow, was habe ich für einen Beruf! Wie wunderbar, dass ich das erleben kann, dass mich mein Beruf an solche Orte bringt auf der Welt, dass ich in so einer Intensität mit den Menschen zu tun habe, dass ich da arbeiten kann. Andere Leute sitzen ja den Tag von neun bis fünf an der Supermarktkasse und verdienen auch noch beschissen wenig. Und ich darf machen, was im Grunde ein Traum ist. Es ist natürlich auch wahnsinnig anstrengend und verantwortungsvoll, aber es ist auch ein Geschenk.

Was sind die drei wichtigsten Werte für Sie im Leben?

Die drei wichtigsten Werte ... oje. Zuerst wohl: Gesundheit. Das sagt man zwar immer so, aber das ist für mich wirklich zu einem konkreten Punkt geworden. Weil es meine Familie, mein Kind betroffen hat.

Die Liebe. Ohne Liebe fällt es mir schwer zu sein. Ich kann mich zwar viel und gut streiten. Was heißt gut ... Ich kann mich streiten, und auch nicht selten, aber trotzdem fällt es mir ungeheuer schwer, im Streit zu leben. Also – ich könnte das nicht durchziehen für eine lange Zeit. Ich leide physisch darunter, wenn es Anspannung oder Streit in der Familie oder mit meinem Lebensgefährten gibt.

Und drittens wohl die Freiheit, denke ich. Ich brauche schon viel Freiheit und die Möglichkeit, das zu tun, was mir vorschwebt in meinem Beruf, in meinem Leben. Auch wenn Dominik jetzt sicher nicht so glücklich ist, wenn ich 2005 den nächsten Film mache, weil der in China spielt und ich dann vier Monate weg bin, und das mit einem kleinen Kind. Trotzdem merke ich, dass mir die Freiheit, das zu tun, was mir gefällt, ganz wichtig ist.

Welche Werte wollen Sie Ihrer Tochter vermitteln?

Wenn ich mein Kind beobachte oder auch andere Kinder, dann finde ich es ganz wichtig, dass man mitfühlen kann. Also, dass man mit der Fähigkeit aufwächst oder sie beigebracht bekommt, mit anderen Menschen mitzuleiden oder sich mit ihnen zu freuen. Das halte ich für eine große Gabe. Ich liebe meine Freunde dafür, dass sie sich richtig mit mir freuen können, ohne Neid und ohne Vergleiche anzustellen, indem sie spontan sagen: «Toll, was du da gemacht hast.» Und umgekehrt sollte man nicht teilnahmslos an jemandem vorübergehen, der es offensichtlich schwer hat im Leben und leidet. Nicht, dass man sich da sofort mit hineinziehen lässt ... Ich kenne auch Menschen, die so viel mitfühlen und mitleiden, dass sie dadurch sehr belastet sind. Das hilft niemandem. Es geht einfach nur darum, dass man einem Menschen zuhört und nachempfinden kann, warum er so verzweifelt ist. Ganz urteilsfrei.

Können Sie Ihren ganz persönlichen Glauben in Ihren Filmen abbilden?

Ich denke, dass meine Filme bei allen Konflikten eine grundsätzlich optimistische Lebenseinstellung widerspiegeln, die ich auch besitze. Wahrscheinlich habe ich bisher in meinem Leben noch nichts so Dramatisches oder so Furchtbares erleben müssen, dass ich diesen Optimismus, dieses Gottvertrauen verloren hätte. Ich möchte Menschen auch mit meinem Filmen Mut machen und Lösungen aufzeigen, und deswegen bin ich eine Anhängerin des Happy Ends. Ich finde es einfach schön, wenn man aus dem Kino kommt mit einem guten Gefühl, weil der Film eine positive Botschaft vertreten hat.

Diese Einstellung hat sicher damit zu tun, dass ich mich von der Welt geliebt fühle. Ich habe wirklich das Gefühl, in meinem Leben ganz viel Glück gehabt zu haben. Da ist ein tiefes Vertrauen gegenüber dem Leben. Egal, ob ich meinen Geldbeutel, den ich auf der Parkbank vergessen habe, eine Stunde später immer noch dort vorfinde, oder ob ich ein gesundes Kind auf die Welt bringe. In vielen Details spüre ich, dass die Welt nicht gegen mich ist.

Das hat nur bedingt mit dem Oscar zu tun, denn ihn verliehen zu bekommen bedeutet ja nicht automatisch, glücklich zu sein.

Welche Ziele möchten Sie noch gerne erreichen?

Jetzt würde ich natürlich gerne eine gute Mutter sein, und ich weiß nicht, ob ich das bin, weil ich oft so unentschieden bin.

Ich habe meine Kindheit als wunderschön in Erinnerung. Ich habe mich sehr geborgen und geliebt gefühlt. Meine Schwester sieht das oft ganz anders, obwohl wir die gleichen Eltern hatten und sie mindestens genauso geliebt wurde. Aber ihre Wahrnehmung war eben anders. Sie ist ein anderer Mensch, hat mit ihrer Kindheit viele Probleme. Ich habe ähnliche Situationen oft als sehr schön in Erinnerung.

Ich würde meiner Tochter auch gerne so eine Kindheit und so ein Leben, soweit ich das kann, ermöglichen. Ich hoffe, wir kriegen das hin mit unseren wankelmütigen Charakteren, Dominik und ich, mit unserer Egozentrik und unserem Beruf. Das ist jetzt mein Ziel.

Ansonsten habe ich manchmal das Gefühl, dass ich schon mehr erreicht habe in meinem beruflichen Leben, als ich es mir vorgenommen hatte. Für mich besteht da kein Druck. Ich kann eigentlich frei arbeiten. Selbst wenn ich zwei, drei Flops drehen würde – das wäre nicht schön, das wünsche ich mir nicht – hätte ich trotzdem etwas gemacht. Ich kann mich darauf nicht ausruhen, aber doch auch ein bisschen daran freuen.

Und was ein spirituelles Ziel angeht oder ein menschliches Ziel – da würde ich es natürlich gerne schaffen, eine gewisse Gelassenheit, Reife und Liebe für das Leben und für die Menschen zu erreichen. Mein größtes Problem ist meine Ungeduld. Ich echauffiere mich so schnell. Theoretisch weiß ich das alles, aber von meinem Charakter her, von meiner nervlichen Konstitution kann ich manchmal nicht so gelassen und großzügig sein, wie ich mir das wünsche.

Mir meinen GOTT vorzustellen, habe ich mir nie erlaubt.

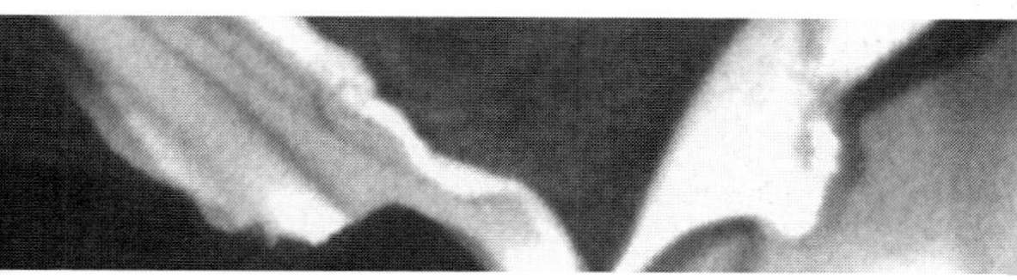

CARL FRIEDRICH VON WEIZSÄCKER ist Physiker und Philosoph und der Bruder des ehemaligen Bundespräsidenten Richard von Weizsäcker. Er setzt sich vor allem mit den ethischen Problemen der Naturwissenschaften und mit Fragen einer humanen Zukunftsgestaltung auseinander.

CARL FRIEDRICH VON WEIZSÄCKER

Wahrscheinlich macht jeder, der ein Buch mit vielen Gesprächspartnern vorbereitet, die gleiche Erfahrung: Man muss endlos auf Antworten warten. So erging es mir auch mit dem großen Physiker und Friedenspreisträger Carl Friedrich von Weizsäcker.

Als ich nach Wochen immer noch keine Antwort hatte, griff ich kurz entschlossen zum Telefon, und siehe da: Er war selbst dran. Ich brachte also meine Bitte nach einem Interviewtermin vor. Zu meiner größten Überraschung sagte er, ich sollte doch jetzt gleich am Nachmittag vorbeikommen. Ich sprang also ins Auto und raste nach Söcking. Er öffnete mir höchstpersönlich, bat mich liebenswürdig herein, und man konnte sehen, dass er seit dem Tod seiner Frau allein lebte. Er führte mich vorbei an einem Flügel, auf dem Wäsche zum Trocknen ausgebreitet war, und zeigte mir seinen Garten, in dem eine beeindruckende moderne Plastik stand.

Es war überraschend für mich, dass ausgerechnet ein Wissenschaftler, der eine Hypothese über die Entstehung des Sonnensystems aufgestellt hat, den Inhalt der Bergpredigt aus dem Matthäus-Evangelium als seinen wichtigsten ethischen Einfluss bezeichnet.

Welchen Stellenwert hat die Religion in Ihrem Leben?

Ich stamme aus einer Familie, in der es einige Theologen gab. Auch meine Frau stammte aus einem gläubigen Haus, wir haben auch unsere Kinder religiös erzogen. Trotzdem würde ich mich nicht im hergebrachten Sinne als religiös bezeichnen, obwohl gerade die Lektüre des Neuen Testamentes mein Leben entscheidend geprägt hat.

Auf welche Weise?

Bis zu meinem zwölften Lebensjahr wollte ich Astronom werden. Irgendwann habe ich das Neue Testament in die Hände bekommen und darin zu lesen begonnen. Da stieß ich auf die Bergpredigt. Ich erinnere mich gut an meine unmittelbare Reaktion: Alles was ich darin fand, schien mir ganz offenbar, völlig einsichtig. Leider hält sich kein Mensch daran.

Ich habe mich danach gefragt, ob ich nicht doch eher Pfarrer statt Astronom werden sollte. Aber dann habe ich gemerkt, dass die Pfarrer das Neue Testament ganz anders auslegen, als ich es verstanden habe. Der Inhalt der Bergpredigt hat meiner Meinung nichts damit zu tun, ob jemand evangelisch oder katholisch, Europäer oder Christ ist. Egal ob zum Beispiel Inder, Hindu oder Buddhist – der Inhalt der Bergpredigt ist für alle gültig. Und das ist bis heute meine Überzeugung.

Ich bin dann weder Astronom noch Pfarrer, sondern Physiker geworden.

Was für ein Gottesbild haben Sie heute?

Die Vorstellungen, die man früher von Gott hatte, waren stark geprägt durch die täglichen Bedürfnisse. Man bat um das Essenzielle, um das Überlebensnotwendige. Die Menschen hatten Gott nötig. Inzwischen hat sich unser Bewusstsein geändert. Die naive Vorstellung von einem lieben Gott, von einem allmächtigen Lenker ist heute in dieser Form nicht mehr möglich. Ich habe meine Erfahrung aus der Bergpredigt geschöpft und darin die ganze tiefe Wahrheit gefunden. Mir meinen Gott nach meiner eigenen Phantasie vorzustellen, habe ich mir nie erlaubt.

Finden Sie Trost im Gebet?

Ich brauche meine innere Sammlung, und die finde ich nicht unbedingt in der Kirche. Ich gehe zwar ab und zu hin, aber ich weiß ja nicht, was der Pfarrer gerade predigt und ob ich damit einverstanden bin. Ich finde diese Sammlung, wenn ich ein Vaterunser bete. Und das tue ich fast täglich.

Bitten Sie auch um bestimmte Dinge, die sich erfüllen sollen?

Das würde ich niemals wagen. Ebenso wenig würde ich einen Schutzengel um etwas bitten. Das sind doch alles nur die Vorstellungen der Menschen.

Werner Heisenberg sagte einmal «Der erste Trunk aus dem Becher der Naturwissenschaft macht atheistisch – aber auf dem Grund wartet Gott».

Das sehe ich ähnlich. Im Grunde stehe ich heute wieder da, wo ich damals im Alter von zwölf angefangen habe. Was ich heute aber behaupten kann ist, dass die Theologen eine Wahrheit bewahren, die tiefer reicht als die Wahrheit der Wissenschaft, auf der das Atomzeitalter beruht. Sie bewahren ein Wissen vom Wesen des Menschen, das tiefer wurzelt als die Rationalität der Neuzeit. Wenn das Planen scheitert, kommt unweigerlich der Augenblick, in dem man nach dieser Wahrheit fragt.

Glauben Sie an ein Leben nach dem Tod?

Ich weiß nicht, was mich nach dem Tod erwartet. Deshalb glaube ich auch nicht an eine Wiedergeburt. Das sind Dinge, die ich nicht weiß und von denen ich im Grunde überzeugt bin, dass ich sie nicht wissen kann. Trotzdem habe ich keine Angst vor dem Tod. Bis dahin will ich mein Leben so führen, wie es mir von einer höheren Instanz gegeben ist.

Wenn es die Kurzformel gäbe: Auf was kommt es an im Leben?

Diese Frage ist schwer zu beantworten. Ich glaube, es kommt darauf an, dass der Mensch seine Mitgeschöpfe, insbesondere seine Mitmenschen gut behandelt. Dass er das Gute will und dass er zu einer allumfassenden oder wenigstens zu einer Liebe findet.

Das ist eine Herausforderung für uns, und darauf kommt es an.

Das sehe ich auch so. Ich danke Ihnen für das Gespräch.

Bitte. War es das? Nun ja. Was wollen Sie damit anfangen?

Du bist der EINZIGE, der uns ERLÖSEN kann!

XAVIER NAIDOO, in Mannheim geboren, ist mit seiner Band «Die Söhne Mannheims» einer der erfolgreichsten deutschsprachigen Popsänger überhaupt. In den Texten des ehemaligen Messdieners geht es meist um religiöse Themen.

XAVIER NAIDOO hat mir immer schon sehr gut gefallen. Erstens hat er eine tolle Stimme, er sieht unglaublich gut aus und dann schreibt er auch noch alle seine Lieder selbst. Ich finde, dass er in der tristen deutschen Pop-Landschaft eine bewundernswerte Ausnahmeerscheinung ist.
In Südafrika als Sohn einer Inderin und eines Südafrikaners in bitterster Armut aufgewachsen, lebt Naidoo heute in Mannheim. «Preiset den Herrn» ist sein Motto und, man kann es kaum fassen, angesichts der schlichten Texte der Konkurrenz, seine Lieder handeln hauptsächlich von Gott, und er ist auch noch erfolgreich damit!
Man sagt, dass er ganz wenige Interviews gibt, deshalb war ich überrascht, dass er relativ schnell zusagte und mich vor einem Konzert in Stuttgart in einem eher bescheidenen Hotel empfing. Aber ich denke, mit dem Thema meines Buches lag ich voll auf seiner Wellenlänge.

Ich begegnete einem höflichen, ja schüchternen, attraktiven jungen Mann. Und wenn ich mir diese Bemerkung zum göttlichen Plan erlauben darf: Einen besseren musikalischen Botschafter hätte sich der liebe Gott nicht aussuchen können.

Herr Naidoo, Sie nennen sich PR-Agent Gottes. Ist das nicht ein bisschen provokant?

Das war nicht meine Idee. Ich habe das in einer Zeitung gelesen und fand das sehr lustig. Ich glaube, dass Gott so viel Humor hat, dass er das richtig versteht. Ich wäre selbst nicht draufgekommen.

Ihr Motto ist «Preiset den Herrn». Aber auf Ihrer CD «Zwischenspiel/Alles für den Herrn» verbreiten Sie Horrorvisionen. Warum?

Weil ich die Leute aufrütteln will. Die Spirale schraubt sich immer weiter ihrem Ende entgegen. Es ist jetzt wirklich der Moment gekommen, in dem wir uns endlich entscheiden müssen.

Entscheiden wofür?

Die Art und Weise wie wir leben, unsere Ziele, unsere falschen Werte, unsere vermeintlichen Sicherheiten – all das wird untergehen. Die Rettung kann sein, dass sich die Menschen an Gott wenden und bekennen: «Wir haben Mist gebaut! Du bist der Einzige, der uns erlösen kann!» Ich habe den kindlichen Glauben, dass Gott jederzeit eingreifen und uns in letzter Sekunde retten kann, aber ich weiß nicht, ob er es tun wird.

Woher kommt Ihr starker Glaube? Wie kommen Sie zu dieser Überzeugung?

In der Silvesternacht 1992 habe ich eine CD von Bob Marley eingelegt und aus einem plötzlichen Impuls heraus begonnen, die Bibel zu lesen. Auf einmal merkte ich: «Wow! Das ist es!» Es war wie eine Explosion. Was darin steht, betrifft mein Leben ganz konkret und unmittelbar.

Es hat mein Leben verändert.

Wie muss man sich das vorstellen?

Ich habe danach jahrelang Zahlen notiert, die mir irgendwie aufgefallen sind, in Zeitschriften oder auf Nummernschildern entgegenkommender Fahrzeuge, und habe dann die entsprechende Seitenzahl in der Bibel nachgeschlagen, oder die Ziffer, die vor einem Psalm steht. Ich gebe ihnen ein Beispiel: Ich fuhr im Winter in einem Auto mit Vierradantrieb einen verschneiten Pass hinauf. Als ich oben ankam, stand dort eine gigantische Schneefräse. Ein wahres Ungetüm von Maschine, wie ich es noch nie gesehen hatte. Ich bekam Angst vom bloßen Hinschauen. Daneben stand ein Schild mit der Passhöhe: 1541 Meter. Ich schlug die Bibel auf, Jesaja Kapitel 41, Vers 15, und da stand: «Siehe, ich habe dich zum scharfen, neuen Dreschwagen gemacht, der viele Zacken hat, dass du Berge zerdreschen und zermalmen sollst und Hügel wie Spreu machen ...» Mir schossen die Tränen in die Augen.

Sie wurden für Ihre Texte prämiert und sagen, Sie beziehen Ihre Inspiration aus Bibeltexten. Spüren Sie da die göttliche Energie?

Ich bin immer sehr vorsichtig mit solchen Äußerungen. Aber ich würde schon sagen, ja.

Ich selbst traue mir das Texten oft gar nicht zu. Es geht auch immer so schnell. Ich habe an keinem Lied länger als eine Stunde geschrieben. Und manchmal lese ich die Texte hinterher und frage mich, ob ich das selbst geschrieben haben kann.

Sie sind religiös aufgewachsen.

Ich wurde katholisch erzogen. Ich erinnere mich, dass mein Vater jedes Mal, wenn er Schlafen ging, vor seinem Bett kniete und betete. Ich musste immer leise sein, denn er war Schichtarbeiter. Wir gingen jeden Sonntag in die Kirche, aber irgendwann hatte ich das Interesse daran verloren. Es kam mir alles wie ein Schauspiel vor, mit unbeteiligten Zuschauern. Aber ich habe dabei nicht meinen Glauben an Gott verloren, sondern nur den Glauben an diese Institution. Ich brauche kein Gotteshaus. Wenn ich Gott nicht im Herzen habe, dann nützt mir auch die schönste Kirche nichts. Trotzdem zahle ich immer noch Kirchensteuer. Das gibt mir, finde ich, auch ein bisschen das Recht, weiterhin offen zu sagen, wie ich über die Kirche denke.

Beten Sie?

Ich versuche, Gott immer auf einer ganz natürlichen Ebene zu finden. Ich versuche, mich mit ihm zu unterhalten. Oder ich singe. Ich habe ein paar Lieder geschrieben, die ich nicht veröffentlicht habe, sondern die ich anstimme, wenn ich allein im Auto unterwegs bin oder wenn ich auf einem Berg bin. Das ist meine Form der Zwiesprache.

Haben Sie sich auch mit anderen Religionen auseinander gesetzt?

Die Hälfte meiner Familie in Südafrika besteht aus Moslems. Deshalb ist mir diese Religion nicht fremd. Aber im Koran hat Gott keinen Sohn. Das gibt mir nicht so viel wie das, was in der Bibel steht. Ich habe lange gedacht, es gibt nur das Neue Testament, das Alte Testament ist passé, damit muss man sich gar nicht beschäftigen. Aber dann hat es mich fasziniert, wie jemand vor so langer Zeit schon Dinge beschreiben konnte, die ich jetzt immer noch sehen und erleben kann.

Ich sehe mich jetzt eher als Mittler zwischen jüdischem, christlichem und muslimischem Glauben. Aber ich bin keiner, der sagt, dass in allen Flüssen das gleiche Wasser fließt. Ich glaube an den Gott, der die Juden aus Ägypten geholt hat und der der Vater von Jesus Christus ist.

Es gibt viel Gutes an jeder Kirche. Aber es ist auch in all den Jahrhunderten und Jahrtausenden viel schief gelaufen. Ich kenne Rastas, vor denen ich eine größere Hochachtung habe als vor vielen Leuten, die ihr Lebtag in die Kirche gehen. Deswegen ist es eigentlich egal, wie jemand zu Gott kommt oder wie sein Zugang zu ihm ist. Wenn die Tür offen ist, dann ist sie offen. Wie sie aufgegangen ist, das ist ja dann nicht mehr entscheidend.

Was bedeutet für Sie Spiritualität?

Ich kenne Menschen, die sind spirituell, aber glauben nicht unbedingt an Gott. Sie nennen es dann Universum, Kraft oder Energie. Ich bin da konkreter und gebe der Sache einen Namen. Ich glaube nicht, dass der spirituelle Mensch immer eine Verbindung zu Gott haben muss. Spirituell kann auch heißen, die Seele mit Musik zu berühren, oder auch zu akzeptieren, dass es Dinge gibt, die man mit dem Auge nicht sehen kann.

Der Tod Ihres Vaters hat Sie sehr berührt. Welche Erinnerungen haben Sie daran?

Ich habe meinen Vater sehr geliebt. Er war schwer zuckerkrank. Eines Tages entschloss er sich, nicht mehr zur Dialyse zu gehen. Die letzten Tage seines Lebens bestand er nur noch aus Haut und Knochen. Er konnte nicht mehr sehen, er konnte nicht mehr sprechen. In der letz-

ten Nacht vor seinem Tod habe ich mich zu ihm gelegt und ihn in den Arm genommen. Dann habe ich angefangen, ihm alle Lieder vorzusingen, die mir durch den Kopf gingen. Ich hoffe, das hat ihm diese schweren Stunden erleichtert. Er ist sehr friedlich gegangen. So einen Abschied wünsche ich jedem Menschen.

Jemand hat gesagt, wenn du nach dem Tod vor deinem Gott stehst, wird er dich fragen, «Hast du genug geliebt?». Können Sie sich das vorstellen?

Auf jeden Fall.

Ich freue mich, wenn ich in meinem Auto sitze und bin jedes Mal baff, dass ich in einem tollen Auto hier herumfahren und die Berge sehen kann, vor einem Publikum singen darf. Ich sehe meine Berufung darin, ein Teil der Stimme des Volkes sein zu dürfen. Wie bei den Bienen. Da gibt es die Arbeiterbienen, die Königin und die Drohnen, und ich bin halt die Sängerbiene. Die muss für Leute singen, die Seelen berühren. Mal trösten, mal mahnen, was auch immer. Oft sind die Dinge, von denen ich singe, auch für mich erschreckend, aber ich habe diese Lieder ja nicht selbst gemacht, sondern bin ein Spiegel, der das zeigt, was er sieht. Das ist für mich faszinierend, und ich liebe es. Ich liebe es, hier sein zu dürfen, ich liebe es, Menschen berühren zu können. Ich glaube, dass ich auf jeden Fall sehr viel Zeit – vielleicht nicht genug – damit verbringe, zu lieben.

Welchen Rat würden Sie Menschen geben, wenn sie Gott finden wollen?

Man muss erst mal sich selbst finden. Wenn man nicht weiß, mit wem man es zu tun hat, dann hat man ein Problem. Man muss Zeit mit sich selbst verbringen. Das tun die Menschen ja heutzutage gar nicht mehr. Das war früher sicherlich anders. Jetzt ist man zugedröhnt. Man muss wirklich eine Möglichkeit finden, den Müll aus der Seele herauszukehren. Wenn man das getan hat, kommt alles andere fast von selbst.

Ich hatte eigentlich NIE große ANGST vor dem Tod.

DR. CHRISTA MAAR ist die erste Frau von Dr. Hubert Burda. Die promovierte Kunstgeschichtlerin ist Präsidentin der Felix Burda Stiftung, die nach ihrem verstorbenen Sohn benannt ist und sich dem Kampf gegen den Darmkrebs verschrieben hat.

DR. CHRISTA MAAR war in erster Ehe mit Dr. Hubert Burda verheiratet. Sie hatten einen gemeinsamen Sohn, der im Alter von 33 Jahren an Darmkrebs starb. Seitdem engagiert sich Frau Maar sehr überzeugend in der Felix Burda Stiftung, die das Ziel hat, diese Krankheit zu bekämpfen. Mit großem Einsatz hat sie es in kurzer Zeit mit Unterstützung des Verlagshauses geschafft, das Thema Darmkrebs zu enttabuisieren.

Ich habe schon oft Charity-Veranstaltungen erlebt, auf denen für einen guten Zweck Geld gesammelt wurde. Aber es macht natürlich einen Unterschied, ob sich eine Mutter, die ihren eigenen Sohn durch Krebs verloren hat, als Betroffene in der Öffentlichkeit präsentiert. Ich sah sie auf einer solchen Veranstaltung. Sie sah wunderschön aus, wie sie da vorne am Mikrofon stand und eine Rede hielt, die mich sehr berührte. Ich spürte, wie sie versuchte, diesen schweren Schicksalsschlag durch positives Handeln zu überwinden.

Bei einer Einladung im Haus von Dr. Hubert Burda und Maria Furtwängler begegnete ich ihr wieder. Es imponierte mir, wie herzlich sich die beiden Frauen begegneten und dass Frau Dr. Maar in ihrem Engagement offenbar auch sehr freundschaftlich von Maria Furtwängler unterstützt wird.

Frau Dr. Maar, Sie haben mit dem frühen Tod Ihres Sohnes einen schweren Schicksalsschlag erleiden müssen. Wie lange dauert es, bis man über so ein Ereignis einigermaßen hinwegkommt?

Über den Verlust eines Kindes, seines einzigen Kindes, das man 30 Jahre lang durch das Leben begleitet hat, kommt man nie hinweg. Der Tod rückt mit zunehmendem zeitlichem Abstand vielleicht etwas weiter weg, aber das Gefühl des Verlusts verschwindet nie, es ist jeden Tag da, auch ganz vordergründig. Man kann eigentlich nur versuchen, irgendwie aktiv damit umzugehen und etwas zu tun, was Sinn macht. Das kann eine große Hilfe sein – zumindest hat es mir sehr geholfen. Ich denke, es ist viel schwieriger, wenn man sich in seine Trauer so richtig hineinfallen lässt und ganz darin aufgeht. Das habe ich zwar für eine Zeit auch getan, das ist, denke ich, normal, aber ich wusste eigentlich die ganze Zeit auch, dass mir das auf Dauer nicht hilft, sondern dass ich arbeiten und etwas Sinnvolles tun muss.

Ihr Sohn ist mit 33 Jahren an Darmkrebs gestorben. Haben Sie dadurch gezwungenermaßen eine neue Lebensaufgabe bekommen?

Ich mache eine Stiftung, die sich für die Früherkennung von Darmkrebs einsetzt und damit ja auch ziemlich erfolgreich ist. Der Hintergrund ist der, dass Darmkrebs sich durch Früherkennung verhindern lässt. Es ist also komplett unsinnig, dass jedes Jahr von den 60 000 Menschen, die neu an Darmkrebs erkranken, mehr als die Hälfte sterben, weil ihr Krebs zu spät entdeckt wird. Die könnten alle fröhlich weiterleben, wenn sie frühzeitig, und zwar bevor sich Symptome zeigen, zum Arzt gehen würden. Wenn man den Krebs spürt, ist es nämlich meist schon zu spät, dann ist er schon nicht mehr zu heilen. Ich sehe jetzt eine meiner Hauptaufgaben darin, dass wir alles daransetzen, diesen 30 000 Menschen das Schicksal meines Sohnes zu ersparen. Das ist das Erbe, das er mir noch vor seinem Tod mit auf den Weg gegeben hat.

Ihr Sohn hat die erste Phase der Felix Burda Stiftung noch miterlebt. Er wollte, dass die Stiftung, die zu Lebzeiten noch nicht so hieß, nach seinem Tod nach ihm benannt würde, und dass sie sich ganz besonders dafür einsetzt, dass Menschen diese Krankheit gar nicht erst bekommen.

Bevor es diese Stiftung gab, war Darmkrebs ein absolutes Tabuthema, über das niemand sprach. Nicht einmal in den Familien, in denen mehrere Mitglieder Darmkrebs hatten, wurde darüber gesprochen. Das ist das Erste, was wir angepackt haben: Bilder und Botschaften zu finden, mit denen wir über die Gefährlichkeit der Krankheit informieren, die aber auch gleichzeitig das positive Gefühl verbreiten, dass niemand diese Krankheit bekommen muss, weil man sie durch Früherkennung verhindern kann. Wir haben mit unserer Kampagne relativ schnell erreicht, dass Darmkrebs ein ganz normales Gesundheitsthema geworden ist, über das jetzt jeder offen sprechen kann. Dabei sind wir von so gut wie allen bekannten Menschen in Deutschland unterstützt worden, die sich für Anzeigen zur Verfügung gestellt haben und mit uns in Fernsehsendungen und Talkshows auftreten.

Diese Aufmerksamkeit haben Sie natürlich auch dadurch bekommen, weil Ihr früherer Mann und der Vater von Felix, Dr. Hubert Burda, Sie mit seinem Medienkonzern unterstützt.

Natürlich hat man, wenn man in so einem Medienkonzern arbeitet, ganz andere Möglichkeiten, ein solches Thema an die Öffentlichkeit zu bringen, als wenn ich als Privatmensch ohne diese ganzen Medienverbindungen so ein Thema voranbringen will. Aber auch wenn ich diese Möglichkeiten nicht gehabt hätte, hätte ich nach dem Tod meines Sohnes versucht, mich für das Thema Früherkennung von Darmkrebs einzusetzen, weil ich es für die einzig sinnvolle Alternative halte, nur hätte ich das dann eben mit anderen Mitteln tun müssen und hätte mit Sicherheit nicht einen so schnellen Erfolg gehabt.

Sind Sie religiös erzogen worden?

Na ja, so wie wir alle, mehr oder weniger. Ich bin zwar katholisch getauft und habe den Religionsunterricht besucht, aber irgendwann bin ich aus dem Glauben ziemlich herausgewachsen, auch wenn ich natürlich weiß, dass man den nicht einfach so abschütteln kann, sondern von seiner christlichen Erziehung geprägt bleibt. Der Glaube kann einem sicher in Situationen tiefer Trauer und Verzweiflung Trost geben, das ist ja wohl auch mit ein Grund, warum Menschen sich Religion und den Glauben an Gott geschaffen haben. Für mich persönlich haben Religion und Glauben keine Funktion, sie hätten in der Situation der Trauer nichts geben können. Was mir hingegen geholfen hat und immer noch hilft, ist Meditation.

Haben Sie sich je mit buddhistischem Gedankengut auseinander gesetzt?

Ich habe mich nie intensiv mit Buddhismus beschäftigt, obwohl ich sagen muss, dass ich mich doch sehr von der Haltung, die dahinter steht, angesprochen fühle. Das ist mir sympathisch, das Unaufgeregte, Anschauende, Spirituelle.

Was bedeutet für Sie das Wort spirituell?

Darunter verstehe ich alles, was nicht rational, nicht zielgerichtet ist. Ich glaube, dass jeder diesen Begriff anders interpretiert. Das hat eher etwas mit einem persönlichen Bedürfnis zu tun. Und im Gegensatz zu früher, wo ich solche Bedürfnisse gar nicht hatte, haben diese sicherlich zugenommen.

Könnte man sagen, dass Sie auch an Ihrem Schicksal, an diesem Tod gewachsen sind?

Ich würde das sicherlich nicht so von mir sagen wollen. Ich kann mich ja nicht von außen sehen und solche Feststellungen treffen. Aber ich habe mich ganz sicher verändert durch diese Erfahrung. Ich würde sagen, ich bin demütiger geworden, in mancher Hinsicht sicher zugewandter und geduldiger, in anderer Hinsicht aber auch viel ungeduldiger, weil ich es noch viel schlechter als früher aushalte, wenn Menschen sich andauernd nur mit ganz unwichtigen Dingen beschäftigen und den größten Teil ihrer Zeit damit zubringen, sich über Nichtigkeiten aufzuregen. Ich denke, man braucht sinnvolle Ziele, für die einzusetzen es sich lohnt. Wenn es durch die Arbeit der Felix Burda Stiftung dazu kommt, dass es eines Tages keinen Darmkrebs mehr gibt, weil alle zur Vorsorge gehen, dann hat sich der Einsatz für dieses Ziel gelohnt.

Es gibt Menschen, die haben Angst vor dem Leben, die haben Angst vor allem. Manche Menschen haben keine Ängste. Hat der Tod Ihres Sohnes Ihre Ängste verändert?

Ich bin eigentlich ein relativ unängstlicher Mensch, das hat sich auch durch den Tod meines Sohnes nicht verändert. Ich hatte eigentlich noch nie wirklich Angst vor dem eigenen Tod. Aber vielleicht ist durch Felix' Tod eine Angst dazugekommen, die ich vorher so nicht kannte: die Angst, eine schlimme Krankheit zu bekommen, gegen die man machtlos ist.

Was sind für Sie die drei wichtigsten Dinge im Leben?

An oberster Stelle stehen, denke ich, Freundschaften, Beziehungen zu Menschen, die mir nahe stehen und zu denen ich eine starke emotionale Bindung habe. Dann eine sinnvolle Arbeit. Ich habe noch nie in meinem Leben eine Arbeit getan, die mir keinen Spaß gemacht hat und die ich als sinnlos empfand. Und das Dritte? Ich würde sagen, Gesundheit. Das hat vermutlich mit dem Alter zu tun, dass man der Gesundheit so ein Gewicht beimisst. Als junger Mensch kümmert sie einen ja nicht.

Welchen Rat würden Sie Menschen geben, die das gleiche Schicksal wie Sie erlitten haben, was kann ihnen helfen, damit fertig zu werden?

Ich weiß nicht, ob die eigenen Erfahrungen für andere überhaupt nützlich sein können. Jeder erfährt so eine Situation ganz anders. Eine Sache, die für mich wichtig war und die mir sehr geholfen hat, ist die, dass ich versucht habe, das Gefühl von Ungerechtigkeit auszuklammern, mir nicht andauernd die Frage zu stellen, die mir sowieso niemand hätte beantworten können, warum ausgerechnet er, warum ist das passiert, und wer ist schuld daran, dass es passiert ist? Es ist passiert, basta, und es ist offenbar etwas, was zum Leben dazugehört, auch wenn man immer denkt, das passiert nur anderen, mir passiert das nicht. Ich denke, es ist wichtig, dass man sich klar macht, dass Schicksalsschläge, Krankheit und Tod feste Bestandteile des Lebens sind, die sich nicht ausklammern lassen, dass niemand davon verschont bleibt und niemand daran eine Schuld trägt. Natürlich denke ich auch manchmal, wieso haben die Ärzte uns das nicht früher gesagt, dass es in unserer Familie ein so hohes Risiko für die Krankheit gibt. Aber eigentlich nützt es niemandem, wenn ich mir solche Fragen stelle, und deshalb versuche ich, sie mir gar nicht erst zu stellen. Es ist bestimmt nicht einfach, sich das zuzugeben, aber eine andere Möglichkeit hat man gar nicht, wenn man nicht in Depression versinken will.

Da DRÜBEN kommt nur unsere nackte SEELE an.

NINA HAGEN ist die Tochter der Schauspielerin Eva-Maria Hagen. Sie wuchs in Ostberlin auf. Nach der Scheidung ihrer Eltern wurde der in der DDR verfolgte Liedermacher Wolf Biermann ihr Ziehvater. Als er aus der DDR ausgewiesen wurde, folgte ihm die Familie nach, und Ninas Karriere mit der «Nina Hagen-Band» konnte beginnen. Nina Hagen ist Mutter von zwei Kindern, Cosma Shiva, die als Schauspielerin arbeitet, und Otis.

NINA HAGEN Das erste Mal sah ich Nina Hagen, als in München das RILKE-Projekt der Presse vorgestellt wurde: eine CD, auf der verschiedene Prominente zu Musik Rilke-Gedichte lesen. Nina gab nicht nur Interviews, sondern demonstrierte auch mit großer Freude den anwesenden Journalisten ihre wirklich beeindruckend lange Zunge, mit der sie die schönsten Kunststücke vorführen konnte. Und sie hatte eine seltsame Art, berlinerische und englische Sätze zu verbinden.

Als ich sie bei der Goldenen Kamera in Berlin wieder traf, waren ihre Haare zu Rattenschwänzen gebunden. Ihre Augen waren von dunkelblauem Glitzer-Lidschatten eingerahmt, was ihrem Gesicht etwas Maskenhaftes gab. Sie war sehr freundlich zu mir. Wir verabredeten uns für einen der nächsten Tage.

Um zu ihrem Büro zu kommen, muss man mehrere Hinterhöfe durchqueren, wie es sie nur in Berlin gibt. Überall Graffiti, die Häuser völlig verwahrlost. «Berlin, oh Berlin, du bist aller Städte Queen, der Berliner Bär bin ich, schrecklich lieb, das hab ich dich!», hat Nina Hagen einmal gesungen.

Das letzte Haus war restauriert. Ich kletterte fünf Stockwerke hinauf und kam in ein modernes Büro, wo Nina gerade einen Fototermin hatte. Sie zog vor den Fotografen eine riesige Show ab. Abenteuerlich geschminkt, posierte sie mit ausgestreckter Zunge und sprach abwechselnd wie Mickymaus mit hoher Stimme, dann wieder mit ganz tiefer. Zu mir sagte sie: «Ich komme gleich, take a seat.»

Ich wartete also und sah vergnügt diesem Schauspiel zu.

Als alles vorüber war und wir allein waren, zündete sie eine Kerze an, und das Interview konnte beginnen. Als ich ihr die erste Frage stellte, geschah eine seltsame Verwandlung mit ihr. Das Thema schien sie sehr zu berühren. Aus der schrillen Kunstfigur wurde eine ernsthafte, nachdenkliche und demütige Nina.

ICH WAR ZWÖLF, als ich gedacht habe, ich muss den lieben Gott jetzt mal testen. Mit Lästereien und schlimmen Ausdrücken, ganz doll habe ich angefangen, ihn zu beschimpfen. Also wirklich aufs Übelste, auch mit dämonischen Flüchen. Ich war damals ja oft Ehrenmitglied in anderen Familien, während meine junge Mutter Filme drehte. Zu der Zeit wohnte ich bei meiner Tante und ihrer Tochter Muschel in Sangerhausen. Die Tante war sehr gläubig, ist sonntags regelmäßig zur Kirche gegangen, und wir haben oft abends zusammen gebetet. Als ich so geflucht habe, hat die Muschel sofort angefangen zu heulen, so ging ihr das ans Herz. Dann hat sie gesagt: «Weißt du, Gott wird das nicht erlauben, dass ein Mensch ihn verhöhnt und so lästert. Er lässt es sich wohl gefallen, dass jemand nicht an ihn glauben kann und er wird dann alles tun, dass dieser Mensch eines Tages doch an ihn glaubt – aber das mit dem Lästern, das wird Gott nicht unbeachtet lassen.» Und plötzlich hat Muschel auf einen kleinen Vogel im Fenster gezeigt, der da saß, und hat gemeint: «Der kleine Vogel fliegt jetzt zum lieben Gott in den Himmel und wird ihm alles rüberpiepsen.» Aber auf diese Warnung hin hab ich nur dämonisch gelacht und sie noch fertiger gemacht, indem ich weiter gelästert habe. Am nächsten Morgen bin ich ganz früh zum Sportunterricht gegangen. Wir sollten auf dem Stufenbarren turnen, eine Übung, die ich sonst eigentlich und überhaupt ... ganz easy machte. Aber an dem Tag bin ich unten auf den Matten gelandet, das eine Bein hier – das andere L-förmig da, und als ich hinguckte, bin ich sofort in Ohnmacht gefallen. Aufgewacht bin ich erst im Krankenhaus. Das gebrochene Bein war schon wieder gerichtet und hing eingegipst nach oben, und ich hatte nicht mal die Operation mitgekriegt. Es war also eine richtig gefährliche Situation gewesen, in die ich da geraten war! Und in der Klinik hatte ich plötzlich Zeit nachzudenken über diese Botschaft, die so instantly gekommen war – genauso, wie Muschel es gesagt hatte.

Ich habe angefangen, in der Bibel zu lesen, und auch «Siddharta» von Hermann Hesse, alles, aber auch Arztromane aus dem Westen. Und aus vollem Herzen habe ich da beschlossen, dass ich künftig Zuflucht suchen will bei Jesus und bei der Mutter Maria und bei Buddha gleich mit dazu. Ich wollte alles, was Wahrheit ist, umarmen und Teil davon sein. Ja, dieses schöne Wort Zuflucht, das hat mir damals schon sehr gut gefallen: Ich wollte Zuflucht suchen bei Gott.

In Wahrheit hatte ich Gott schon viel früher gesucht. Obwohl ich überhaupt nicht religiös erzogen worden bin – im Gegenteil ... meine Eltern waren ganz schnell da mit der frechen Behauptung, Gott gäbe es überhaupt nicht. Und dann das System, in dem wir lebten – mir war die ablehnende Haltung der ganzen komischen Stalinisten sehr verdächtig. Ich meine, in der DDR war es ja nun verboten, an den lieben Gott zu glauben. Da habe ich schon als kleines Kind gedacht: Wenn alle diesen Gott so hassen, muss ich mal checken, ob es den gibt oder nicht. Ich bin dann Sonntagmorgens, als meine Eltern noch pennten, früh aufgestanden, habe mich angezogen und bin zu der evangelischen

Kirche an der Ecke Zelter Straße / Duncker Straße gelaufen. Mal alleine, mal mit meiner Freundin Elke Lindemann. Bin mit allen Leuten rein in die Kirche und habe da gesessen. Oft haben da sonntagsfrüh welche geheiratet, und ich fand das total gemütlich. Ich kann mich aber nicht mehr genau erinnern, was da abgelaufen ist. Nur, dass sich mein Vater eines Sonntagmorgens schreckliche Sorgen machte, als er mich nicht in meinem Zimmer fand, und dass meine Eltern beinahe schon die Polizei gerufen hätten. Hinterher fragte mich mein Vater, was mir in der Kirche denn so gefallen habe. Und ich erzählte ihm von der schönen Braut und einem Balkon, auf den ein Mann in einem langen Mantel gestiegen sei und Faxen gemacht habe. Ich versuchte, ihm das Erlebte möglichst lustig darzustellen, weil er mich so böse anschaute. Sein Gesicht war so voller Wut, weil ich, ein kleines vierjähriges Mädchen, einfach so weggerannt war. Aber das war es nicht nur. Seit jenem Tag fällt mir immer wieder auf, dass die Gesichter von Menschen, die Gott leugnen, meist bitter und sehr böse aussehen. Als wollten dir diese ungläubigen Menschen irgendetwas beweisen. Aber das geht so nicht. Denn jeder sucht nach Erkenntnis. Das ist die Natur des Menschen – nach Gott zu suchen.

Und später, mit neunzehn, hab ich ihn ja tatsächlich gesehen. Hab mit Gott gesprochen, von Angesicht zu Angesicht. Eine ganze Nacht lang. Vorher hatte ich höllische Schmerzen gehabt, physische Schmerzen, die vom Magen in den Kopf und vom Kopf in den Magen gingen. So ähnlich wie bei einer Geburt, wenn die eine Wehe kommt und die andere geht, nur dass diese Schmerzen konstant dablieben und sich zwischen Bauch und Kopf hin und her bewegten. Ursache für diese blödsinnigen Schmerzen waren die LSD-Pillen, klar. Ich hatte sie aber nur eingeschmissen, weil ich vorher von Freunden gehört hatte, dass bei den Naturvölkern die Schamanen gewisse Substanzen aus der Natur einnehmen, um bei ihren religiösen, spirituellen Zeremonien dem großen Geist, dem Schöpfer, sprich Gott, nahe zu kommen. Anyway, ich bekam diese Schmerzen, und als sie schlimmer wurden, habe ich mich an Gott erinnert. Habe ihn um Hilfe angerufen – aus dem tiefsten Grund meiner Seele. «Oh, mein Gott, hilf mir doch»!! Weil, solche Schmerzen zu beschreiben ist unmöglich. Da kam sofort seine Stimme in meinen Kopf. Eine ganz liebe, männliche Stimme: «Nina, ich bin hier. Ich helfe dir. Du musst sterben.» Ich, ganz aufgeregt, wollte nicht sterben. Dann gingen die körperlichen und seelischen Qualen von neuem los. Irgendwie kapierte ich, dass es miteinander zusammenhing und dass ich da durch musste. Also habe ich gesagt: «Okay, lieber Gott, dann sterbe ich.» In Englisch würde man sagen: «Okay, dear God, I surrender.» Und dann habe ich mich flach auf mein Bett gelegt und die Augen zugemacht. In dem Moment war ich raus aus dem Körper, tot. Ich habe mich selbst unten ausgestreckt liegen sehen. Drum herum Ärzte und Krankenschwestern, die versuchten, mich zurück ins Leben zu holen ... eine richtige Krankenhausszene. Sie haben sogar versucht mich mit Elektro-Schock zurückzuholen ... ich sah von oben zu, wie sie mir da unten kleine Backpfeifen verpassten und riefen: «Frau Hagen! Frau Haaaagen!!» – und: «Nee, die ist weg, die kommt nicht mehr!» – Ich dachte noch: «Nee, da will ich nie mehr hin!», und ich sah auch einen Berg mit amputierten Beinen … schrecklich! Da hörte ich seine Stimme wieder: «Jetzt mach die Augen auf!» Ich machte sie auf und war in einer farbenfrohen Welt, in einer wunderschönen Atmosphäre – schwer mit Worten zu beschreiben. Wahnsinnig glücklich. Abermals hörte ich seine Stimme: «Jetzt drehe dich um.» Und da sah ich mich einem wunderschönen jungen Mann, einem Jüngling gegenüber. Die Haare fielen ihm bis auf die Schulter, er trug Mittelscheitel. Er schaute mich mit einer unfassbar großen Liebe an.

Unfassbar! Unfathomable! An Seiner Liebe werden wir Ihn Er-kennen!!

Meine erste Frage an Ihn war: «Gehst Du etwa wieder weg wie all die anderen?»

Er antwortete: «Ich Bin Immer Da. Ich War Immer Da. Ich Werde Immer Da Sein.»

Mir fiel ein Riesen-Stein von der Seele! Denn ich war angekommen.

Ich habe Jesus zu ihm gesagt und deutsch mit ihm gesprochen. Und der liebe Gott hat mir auf alle meine Fragen deutsch geantwortet. Die ganze Nacht. Ich wollte nie wieder weg von Ihm, aber Er machte mir klar, dass ich noch nicht bleiben konnte – ich bettelte und bettelte, aber Er erklärte mir, dass, wenn ich eines Tages wirklich sterben muss, es sozusagen «automatisch» vonstatten gehen wird, wieder zu Ihm zurückzukehren. Es komme darauf an, wie ich mein Leben leben würde. Eine Seele sei immer dort, wo sie hingehört, gehe nie verloren, werde nie zerstört.

Mit dieser Gewissheit darf ich glücklich sein, im Jetzt und Hier. Immer und ewig!!

Ich bin nicht praktizierende Katholikin, sondern eine bekennende Christin, die mit allen Religionen und allen Kulturen dicke, fette Freundschaft schließen will. Mein Gott ist in mir. Und außer mir. Mein Gott ist in jedem Menschen, in jedem Tier, in jedem Element der Natur, in jedem Baum, jeder Pflanze, jeder Wolke, in jedem Stern, und in der Luft, im Feuer. Und er ist auch Geist. Ist Glückseligkeit. Er ist außerdem Selbstreinigung in dem Sinne, dass die Stimme des Gewissens oder die innere Stimme einem immer wieder die Möglichkeit gibt, sich selbst beobachten und berichtigen zu können.

Für mich ist auch klar, dass der Himmlische Vater und die Göttliche Mutter eine Einheit sind. Ich kann auch zur Mutter-Göttin beten!

Eine Mutter hat ja noch eine andere Art von Liebe-Geben: Essen warm machen, Socken stopfen, Baby füttern …

Das geht ganz fix bei IHR!

Wo vielleicht der himmlische Vater gerade in tiefer Meditation über die Schönheit der Göttlichen Mutter versunken ist und deshalb nicht so schnell auf mein Gebet antworten kann, geht es bei unserer Göttlichen Mutter sehr schnell.

Ich könnte ewig darüber meditieren!

In meinem Leben hat sich der «Himmel auf Erden» materialisiert: in göttlicher Liebe mit meinem geliebten Mann Lucas Alexander!

Indien ist für mich meine spirituelle Mutter. Mit Otis, meinem Sohn, fuhr ich seit 1993 oft nach Haidakhan, in den Ashram von Babaji, einem großen, indischen Lehrmeister, der 1984 seinen Körper verlassen hat. Babajis Botschaft ist ganz einfach: Truth, Simplicity, and Love. Alle Religionen, alle Menschen sind gleichwertig, und man soll der Religion seines Herzens folgen. Und mit Menschen, die in anderen Religionen zu Hause sind, eine tolerante, respektvolle Freundschaft pflegen. Babaji hat gesagt, er sei, wie viele wahre Meister und Menschheitslehrer, nur zu uns gekommen, um darauf hinzuweisen, wie man in diesem Zeitalter der Kriege, des Hasses, der Kinderschänder, der Umweltzerstörung und atomaren Bedrohung – Liebe, Frieden und Glück in sich selbst und auf Erden verwirklichen kann. Denn wir sind Wesen, geschaffen für die Ewigkeit. Und nur für eine kleine Weile haben wir die Möglichkeit, menschliches Leben zu erfahren. Das ist Teil des göttlichen Plans. Ein wunderschöner Teil, denn es gehört dazu, die Liebe zu erlernen – uneigennützige Nächstenliebe, die ungefragt dort hilft, wo man gebraucht wird. Wir lernen Liebe und Mitgefühl für den anderen zu entwickeln, und das ist das höchste Gut. Wenn wir sterben und haben keine Nächstenliebe gelebt, dann werden wir schrecklich einsam sein. Wir können keinen Cent, kein materielles Reiskorn mit rübernehmen. Da drüben kommt nur unsere nackte Seele an. Und wenn sie die Liebe in sich trägt, dann kann sie drüben leben. Wenn sie die Liebe (und den Frieden) nicht in sich hat, dann wird sie zerbrechlich sein und die hohe Schwingung im Jenseits nicht aushalten können. Dieses Wissen trägt jeder von uns von Anfang an in sich, schon als Baby. Man muss sich darauf besinnen. Auf den inneren Meister, auf die Weisheit in uns. Wenn du dir die Lehren von Babaji anschaust, wirst du sehen, dass sie denen von Christus sehr ähneln, Hand in Hand mit ihnen gehen. Weil es die neue Ordnung ist.

Das sind nicht irgendwelche Floskeln, sondern das sind ganz wunderschön beschriebene Leitsätze der Menschlichkeit. Yes. Above all love God first. Gott braucht unsere Liebe, damit er in unseren Tempel einziehen kann. In unserem ungereinigten, nicht liebenden Herzen … wie kann Gott darin wohnen?

Jedes Mal, wenn wir in Indien waren, hat Otis sehr schnell Freunde gefunden: Kinder aus England, Frankreich, eigentlich aus allen Teilen der Welt. Dort geschieht es auf eine ganz unkomplizierte Art und Weise, dass man sich einander nähert und erfährt, sich bedingungslos zu achten, zu respektieren und zu lieben.

Diese Lebensart ist an sich ein toller Lehrmeister. Otis hat beschlossen, er ist Christ, während Cosma sich mehr zum Buddhismus hingezogen fühlt.

Den Tagesablauf im Ashram versuche ich mir auch in meinem täglichen, hektischen Leben in Berlin und auf Tourneen zu bewahren. In Indien stehen wir morgens um 4.30 Uhr auf und nehmen ein Bad im kalten Fluss. Dann ziehen wir uns an und gehen zum Chandan. Das findet in jenem klitzekleinen Zimmer statt, wo Babaji gelebt hat. In dieser winzigen Kammer trägt uns der Priester oder der Muni-Raji den wunderschönen Chandan auf die Stirn auf – das rote Kum-Kum-Pulver steht für die Energie der

Göttlichen Mutter. Das ist die Energie, die das gesamte Universum durchfließt. Du kriegst sogleich ein cooles mind … ein gleichmütiges Bewusstsein. Sooft es möglich ist, stehe ich auch zu Hause auf, wenn es noch dunkel ist. Ich höre dann die ersten Nachbarn zur Arbeit gehen. Ich weiß, es ist erst halb sieben oder sieben, und das ist ein tolles Gefühl. Ich wasche und putze mich und mache genau das kleine Ritual, die Andacht, die ich in Haidakhan gelernt habe. Während ich auf meinem Harmonium spiele, singe ich Gebete. Das ist meine Meditation. Dabei bin ich völlig mit Gott und der Göttlichen Mutter verbunden. Denn diese Lieder, die Mantren, haben eine Schwingung, die mich mit den göttlichen Elementen und mit allen Aspekten der menschlichen Gefühle und des menschlichen Daseins verknüpfen. Das ist wunderpowerfull. So etwas wie Angst kenne ich überhaupt nicht.

Ich gehöre doch Gott. Mein ganzes Leben ist ihm gewidmet und ich liebe ihn. Und was braucht der liebe Gott? Uns – damit wir hier auf der Erde helfen, dass die Menschen glücklich sein können. Viele sagen ja, es kann gar keinen Gott geben, denn wenn es ihn gäbe, würde er keine Kriege zulassen. Aber wir sind doch das Göttliche! Wir müssen diejenigen sein, die keine Kriege machen. Darum braucht Gott unsere Liebe, genauso wie wir seine Liebe brauchen. Meine Message, Gott zu finden: slowly, slowly. Slowliness is Holiness. Der Weg ist das Ziel. Jeder Tag ist dazu da, gelebt zu werden. Life is the experience. Be happy. Sei froh, sei glücklich und stifte die anderen mit deinem eigenen Glück und Wissen an. Stecke sie an, wie ein Licht das andere Licht anzündet, so zünden wir uns alle gegenseitig an. Wir sind göttliche Pyromanen.

ER, DER NICHTS SAGT.

GREGOR ZASCHE ist Abt im Kloster Schäftlarn, gelegen im Isartal zwischen Grünwald und Wolfratshausen. Das Kloster ist gleichzeitig ein Benediktiner-Gymnasium mit angeschlossenem Internat und Tagesheim.

ABT GREGOR ZASCHE Anlässlich des 70. Geburtstages von Johannes Georg Prinz von Hohenzollern fand in der Klosterkirche von Schäftlarn eine Festmesse statt. Da der Jubilar auch Präsident der Konzertgesellschaft ist, versprach diese Feier ein großes musikalisches Ereignis zu werden.
Es war ein wunderbares Hochamt, aber das große Erlebnis wurde für mich die Predigt des Abtes. Dr. Zasche sprach unter anderem darüber, dass zu einem gelungenen Leben nicht nur das äußere Wachstum gehöre, sondern auch das innere. Dass wir nicht vergessen sollten, etwas für unsere «innere Karriere» zu tun, für das Wachstum des Herzens. Ich fand diesen Gedanken so wunderbar, dass ich den Abt beim anschließenden Empfang spontan um ein Interview bat.

Einige Tage später saßen wir uns in seinem eher spartanisch eingerichteten Arbeitszimmer gegenüber.

Herr Zasche, seit 25 Jahren stehen Sie im Dienst Gottes. Wer oder was ist Gott für Sie?

Das ist … eine gewaltige Frage. Spontan fällt mir dazu ein: Der, der die Dinge im Innersten zusammenhält.

Wie finden Sie zu ihm?

In erster Linie finde ich ihn im Gebet, auch wenn Ihnen diese Antwort in meinem Fall sicher banal erscheint. Aber einen direkteren Zugang zu Gott haben wir Menschen nun mal nicht. Man kann nicht wie von Mensch zu Mensch mit ihm reden, es gibt keinen empirisch abhörbaren Dialog zwischen Ich und Du. Wenn ich Gott aber als eine Art Hintergrund in meinem Inneren betrachte, öffnet mir das Gebet Wege zu einem Ursprung, aus dem ich mich täglich und laufend selbst erhalte.

Gebet als Verinnerlichung. Gibt es sie, die innere Stimme?

Ja, aber nicht als etwas auf Erden Erfahrbares. Kein kleiner Kobold, der da auf mich einredet. Mein «In-mich-Hören» ist vielmehr ein Erspüren, Wahrnehmen und Fühlen. In solchen Momenten bewegt mich der Eindruck, dass er da ist. ER, der nichts sagt.

Gottes Gegenwart in allem, was geschieht. Ein zulässiger Gedanke?

Nun, als Theologe warne ich natürlich davor, Geschehnisse als unmittelbar entzifferbare Fügungen verstehen zu wollen. Denn Gott steht hinter allem Geschehen, auch hinter dem scheinbar sinnlosen.

Wenn ich ein Erhörungserlebnis habe, also wenn ich Gott um etwas bitte und es tritt ein, dann freue ich mich. Wenn das Ereignis, um das ich gebeten habe, aber nicht eintritt – ist Gott dann nicht in dieser Sache? Die Negativfügungen muss ich schließlich auch einordnen. Und da wird es schwierig. Mit dem Versuch, Gott in allem, was geschieht, wiederfinden zu wollen, wäre ich vorsichtig.

Angst ist für viele Menschen ein beherrschendes Gefühl. Haben Sie durch Ihren tiefen Glauben die Angst verloren?

Im Großen und Ganzen ja. Allerdings wüsste ich nicht zu sagen, wie es ist, wenn man nicht an Gott glaubt … ob die Angst dann größer ist. Ich kann mich nur versuchen einzufühlen, wie es ist, wenn man in einer Welt lebt, in der es keinen Sinn gibt, hinter der kein Letzt-Verantwortlicher, kein letzter Versöhner steht. In einer solchen Welt käme ich mir vor wie ein Zufallsprodukt, das mit dem fertig werden muss, was es hat. Ich denke, dass ein solcher Zustand mit Angst verbunden ist. Dass man das Gefühl hat, hineingeworfen zu sein, in ein herzloses Geschehen …

Ein Gebot des christlichen Glaubens ist die Nächstenliebe. Können Sie den Menschen vorurteilsfrei und liebend begegnen?

Wissen Sie, da bin ich ganz normal geschneidert. Es gibt nun mal bestimmte Wellenlängen, sodass ich auf manche Menschen spontan positiv reagiere, während ich bei anderen so meine Probleme habe. Erst vor diesem Hintergrund würde ich sagen, dass ich mich bemühe, den Menschen wohlwollend zu begegnen. Unterstellen wir mal, dass der liebe Gott bei jedem Menschen irgendeinen guten Einfall hatte und ihn aus Liebe gemacht hat. Meine Aufgabe ist es, diesen guten Einfall zu finden. Wobei wir theologisch beim Punkt «Feindesliebe», oder, realistischer betrachtet, bei der «Entfeindungsliebe» angelangt wären.

Selbstbestimmung oder schicksalhafte Festlegung. Wo stehen wir?

Gott ist keine kosmische Weltformel unpersönlicher Art, und damit gibt es kein schicksalhaft festgelegtes Universum. Wenn Gott in seiner Allmacht so frei ist, neben sich andere Freiheiten ins Leben zu heben, ohne dass diese ihm Konkurrenz sind, ist es für mich kein Problem zu sagen: Da gibt es einen Rahmen, der ist mir Freiheit und Fügung zugleich. Sartre war übrigens der Meinung, dass Gott unser Konkurrent ist. Dass er uns nicht frei werden lässt und deshalb abgeschafft gehört.

Was wartet nach dem Tod auf uns? Fegefeuer, Paradies oder ein weiteres Leben?

Da bin ich ganz traditionell: Ich glaube, wir müssen mit diesem einen Leben auskommen. Im Tod wird dieses Leben dann verewigt, und wir gelangen zu unserer eigentlichen Bestimmung, die da wäre: Die Gemeinschaft mit Gott und damit allem Lebendigen.

Aber bleiben wir doch mal im Leben. Hier wünschte ich mir Wachstum und Pflege unserer inneren Fähigkeiten. Eine Karriere des Herzens, wenn Sie so wollen. Das Bemühen um Reife und Herzensbildung würde uns in diesem Leben, nähmen wir's denn ernst, mehr als genug beanspruchen.

Verlust und Hinwendung. Gibt es einen Wegweiser zu Gott?

Die, die Gott verloren haben und ihn wieder finden möchten, werden ihren eigenen Weg gehen müssen. In erster Linie würde ich raten: Hör auf deine innere Stimme, wobei ich keine moralinsaure Gewissensstimme meine, sondern jene Stimme, die ich an Kindern beobachte. Ihre sinnlichen Antennen, mit denen sie immer wieder abtasten «Richtig, Falsch, Gut, Schlecht ...» – diese Antennen machen sie zu verantwortlichen Wesen. Genau dieses Gespür ist es, das die Menschen in sich erwecken sollten: Verantwortlichkeit nicht nur dem eigenen Leben gegenüber, sondern darüber hinaus. Das zu spüren heißt, den Zugang zu Gott wieder zu öffnen.

Ein unsichtbarer OrchesterDIRIGENT, der alles lenkt, aber unser GUTES will.

OTTO VON HABSBURG wurde als Sohn von Kaiser Karl I. und Kronprinz von Österreich geboren. Nach dem Verzicht seines Vaters auf die Regierungsgewalt 1918 wurde die Familie aus Österreich vertrieben und später von den Nazis verfolgt. Von 1979 bis 1999 war er Mitglied des Europa-Parlamentes, aus dem er aus gesundheitlichen Gründen ausschied.

Die Zusage **OTTO VON HABSBURGS** bekam ich deshalb so schnell, weil Friedrichs Vater viele Jahre sein engster Mitarbeiter war. Deshalb kannte ich auch vom Hörensagen die näheren Umstände in Pöcking, aber trotzdem war der Weg dorthin für mich nicht so einfach. Ich komme aus einer bürgerlichen Familie und hatte bisher keine Gelegenheit gehabt, den Sohn des letzten österreichischen Kaisers kennen zu lernen, geschweige denn, jemand mit «Kaiserliche Hoheit» anzusprechen.

Otto von Habsburg kam im Trachtenanzug auf mich zu – warum trägt der Adel eigentlich so gerne Tracht? –, begrüßte mich freundlich und machte mir das Gespräch wirklich leicht. Man sah ihm nicht an, dass er gerade seinen neunzigsten Geburtstag hinter sich hatte. Er wirkte auf mich unglaublich dynamisch und hellwach.

Berufspolitiker, dieser Begriff hat heute so einen merkwürdigen Beigeschmack, vielleicht weil es immer weniger Idealisten gibt, die Visionen verfolgen und umsetzen können.

Aber am Ende des Interviews hatte ich das Gefühl, einem Mann begegnet zu sein, für den Politik mehr ist als ein Job oder eine Karriereleiter.

Kaiserliche Hoheit, fühlen Sie aufgrund Ihrer Herkunft Gott gegenüber eine besondere Verpflichtung?

Schauen Sie, ich stamme aus einer Familie, die wirklich sehr katholisch war. Meine Eltern waren sehr gläubige Menschen und haben diese Tradition an uns Kinder weitergegeben. Teil dieses Glaubens war, den Völkern zu dienen. Mein Vater hat sehr viel für die Leute getan und für sie gelitten. Das muss ich weiterführen. Auch ich fühle mich mit den Völkern unglaublich verbunden. Für sie setze ich mich unbegrenzt ein und habe das mein ganzes Leben lang getan.

Das Haus Habsburg war doch sehr christlich. Trotzdem haben Ihre Vorfahren Kriege angezettelt. Wie ließ sich das miteinander vereinbaren?

Das lässt sich ohne weiteres vereinbaren. Es gibt ja den schönen Begriff des gerechten Krieges. Das darf man nicht vergessen.

Können Sie mir erklären, was das ist – der gerechte Krieg?

Das ist der Krieg für eine gute und gegen eine schlechte Sache. Der Krieg gegen Hitler war beispielsweise ein gerechter Krieg, weil er das Schlechte gewollt und Millionen von Menschen umgebracht hat. Da war es einfach eine Verpflichtung, gegen ihn zu kämpfen.

Und der Krieg in Afghanistan und im Irak?

... ist ein Krieg gegen den Extremismus. Saddam Hussein ist ein Verbrecher. Es war richtig, gegen ihn vorzugehen. Das war kein Krieg gegen die Moslems, wie manchmal behauptet wird. Überhaupt halte ich die Angst vor dem Islam für total unberechtigt. «Fundamentalismus» ist ein reines Schlagwort. Die Moslems sind tief religiös, was ich sogar für gut halte. Dass unter ihnen auch Terroristen sind, ist eine alte Tatsache. Schon im 13. Jahrhundert hat Kaiser Friedrich von Hohenstaufen, der mit dem Islam sehr verbunden war, den Herzog von Bayern durch einen Assassinen ermorden lassen. Der hatte noch kein Flugzeug, sondern lauerte dem Herzog auf einer Brücke bei Kelheim auf und hat ihn sogleich umgelegt. Wer die historischen Abläufe kennt, wird nicht überrascht. Vieles wiederholt sich.

Ich halte Kriege dennoch für etwas sehr Menschliches und nicht gottgewollt. Oder können Sie sich vorstellen, dass Gott mit Krieg einverstanden ist?

Bestimmt nicht. Aber man darf nicht vergessen, dass es negative Kräfte gibt, die sich in der Welt immer wieder auswirken und uns Menschen in Situationen bringen, wo Kriege unausweichlich sind. Wenn wir wirklich das wären, wozu Gott uns geschaffen hat, dann würde es sicher keine Kriege geben. Aber das sind wir eben nicht. Und dahinter verbirgt sich die ganze Geschichte mit der Erbsünde, dem Sündenfall und so weiter ... Das ist ja eine Realität.

Hat sich Ihr Glaube im Lauf Ihres Lebens verändert?

Nein. Er ist vielleicht noch ein bisschen tiefer geworden. Durch die Erfahrungen, die ich gemacht habe, sehr stark auch durch meinen Beruf. Wissen Sie, ich habe sehr viel dazugewonnen durch meine parlamentarische Arbeit. Denn da hatte man das Gefühl, dass man Verantwortung trägt. Jede Abstimmung wirkte sich ja irgendwie auf Menschen aus. Da lernt man beten. Weil man Gott bittet, dass er einem die richtige Entscheidung gibt. Und dass er einem klare Aufgaben zeigt.

Sie halten eine religiöse Einstellung für etwas sehr Wichtiges bei einem Politiker.

Absolut.

Heute gibt es nun Politiker, die nicht einmal mehr ihren Amtseid leisten ...

Und das kann man dann an den Resultaten der jeweiligen Politik ablesen. Um es krass zu sagen.

Was bedeutet Gott für Sie?

Schauen Sie, er ist der Allmächtige. Er ist der Schöpfer unserer Welt. Ich habe da die gleiche Ansicht wie Albert Einstein, der knapp vor seinem Tod Folgendes in einem Brief geäußert hat: «Meine Forschung hat mich jetzt dazu geführt, dass ich klar erkenne, dass in der praktischen Welt, in der wir leben, ein unsichtbarer Orchesterdirigent ist, der alles lenkt, aber unser Gutes will.»

Das ist eine sehr schöne Definition.

Max Planck hat etwas Ähnliches gesagt.

Es gibt kaum einen Spitzenwissenschaftler, der nicht an Gott glaubt! Ich jedenfalls kenne keinen, der es nicht tut.

Albert Einstein habe ich allerdings lange Zeit falsch eingeschätzt. Ich lernte ihn während der Emigration in Amerika kennen. Damals kam ich schnell zu der Überzeugung, dass er ein Atheist ist. Wir trafen ein paar Mal zusammen, nicht sehr oft, weil er ja viel gescheiter war als ich. Kurz nach dem Krieg – ich war bereits nach Europa zurückgekehrt – starb Einstein, und eine Zeitschrift bat mich, einen Nachruf auf ihn zu schreiben. Darin äußerte ich nun, dass er einer der ganz wenigen Atheisten gewesen sei, die ich unter führenden Wissenschaftlern gefunden hätte. Worauf ein Herr, der bei unseren Zusammenkünften in Amerika dabei gewesen war, mir schrieb: «Sie irren sich.» Und mir jenes Zitat schickte, das Einstein ihm kurz vor seinem Tod in einem Brief hatte zukommen lassen. Daher weiß ich das also.

Beten Sie?

Natürlich!

Jeden Tag?

Ja, sogar mehrfach. Aber nie lange. Schauen Sie, ich habe ein Lieblingsgebet: das Angelus Domi-

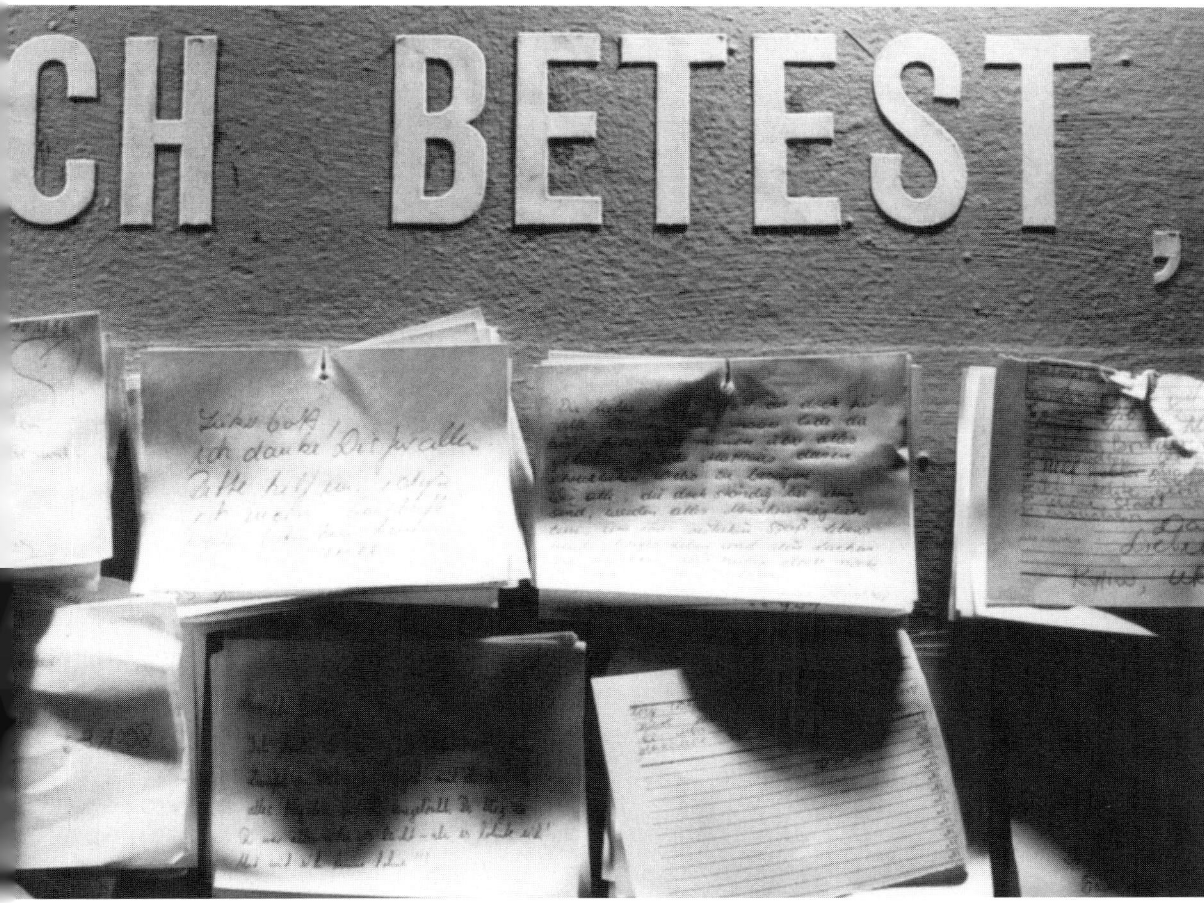

ni. Es beginnt mit den Worten «Angelus Domini nuntiavit Mariae» – «Der Engel des Herrn brachte Maria die Botschaft», und es wird morgens, mittags und abends beim Angelusläuten gesprochen. Man könnte fast sagen, es ist wie ein Muezzin-Ruf, der einen immer wieder an Gott erinnert. Weil man den Herrgott sonst zu oft vergisst, während man andere Sachen macht. All diese Symbole – die Wegkreuze, das Angelus-Läuten – sind ungeheuer wichtig als Erinnerung, dass Er da ist. Leider ist das bei uns selten geworden, und ich bewundere deshalb die Mohammedaner dafür, dass sie den Muezzin haben.

Haben Sie durch Ihr Vertrauen zu Gott Ihre Ängste verloren?

Ich habe nicht viele Ängste, wenn ich ehrlich bin. Gelegentlich schon, natürlich. Der größte Lügner ist wohl der, der behauptet, er habe nie Angst gehabt.

Ich erinnere mich zum Beispiel an ein paar Male, als man mir sagte, ich würde in kurzer

Zeit erschossen werden. Da habe ich Angst verspürt. Das gebe ich ohne weiteres zu.

Glauben Sie an Reinkarnation?

Nein, sonst würde ich mich schon an irgendetwas erinnern.

Sie sind über neunzig und wirken äußerst diszipliniert ... Gibt man sich denn als Kaisersohn und Politiker auch mal den profanen Dingen des Lebens hin, gehen Sie beispielsweise ins Kino?

Aber sicher. Nur bloß keine soziologischen oder gesellschaftskritischen Filme! Es muss lustig sein – oder spannend. Ich gebe zu: Am liebsten sehe ich James Bond.

Erstaunlich. 007 führt ja ein sehr exzessives Leben. Rauchen, trinken, Frauen ...

Ich bin Katholik, das dürfen Sie nicht vergessen. Was der Glaube von mir verlangt, das halte ich. Der Glaube hat mich gebremst.

Nur das Rauchen ...

Früher, während des Krieges, war ich starker Raucher. Bis zu sechzig Zigaretten am Tag. Ich hörte schlagartig auf, als mich die erste Nachricht vom Koreakrieg erreichte. Da sagte ich mir: Das könnte in einem größeren Krieg enden, dann gibt es wieder keinen Tabak. Jetzt rauche ich nur noch an einem einzigen Tag im Jahr: am 31. Mai, der laut UNO der Weltnichtrauchertag ist. Da stecke ich mir dann eine Zigarette an, natürlich in aller Öffentlichkeit. Sonst macht es ja keinen Spaß.

Welche drei Werte sind für Sie die wichtigsten?

Der Glaube. Die Heimat. Und Freiheit und Zivilisation.

Wann sind Sie Gott am nächsten?

Wann spüren Sie ihn am meisten?

Ich würde beinahe sagen, vor einer wichtigen Entscheidung.

Hören Sie eine innere Stimme?

Nein, so kann man es nicht ausdrücken ... Aber man kriegt eine Sicherheit darin, ihn zu erkennen. Gott ist Schönheit. Er ist wirklich schön. Während das Teufelswerk hässlich ist. Schauen Sie, wenn Sie durch die kommunistischen Städte fahren – da ist kein einziges schönes Werk mehr. Aber nach dem Kommunismus wächst die Schönheit wieder aus dem Boden. Am deutlichsten beobachte ich das in Ungarn, wo in der Stadt Paks eine wundervolle Kirche entstanden ist. Diese Stadt ist bekannt für ihre Atomkraftwerke, die einst aus Russland kamen. Als ich dort einmal zu Besuch war, hatte ich die Gelegenheit, ein Atomkraftwerk zu besichtigen. Darin hatte ich sofort das unangenehme Gefühl, direkt mit der Unterwelt verbunden zu sein. Aber keinen Kilometer davon entfernt war eine neue, herrliche Kirche errichtet worden – diesen Gegensatz habe ich damals als eine ungeheure Spannung empfunden.

Was ist das Ziel, was ist der Sinn unseres Lebens?

Schauen Sie, unser Lebenssinn ist der, dass wir den Geboten Gottes entsprechen. Mehr oder weniger.

Ich denke, Gott verlangt von uns nicht Siege und Erfolge. Sondern dass wir unser Bestes tun. Da es nur einen einzig wirklich entscheidenden Tag gibt – wenn wir nach dem Tod vor Ihm Rechenschaft ablegen – müssen wir uns fragen, wie es bei dieser Rechnungslegung sein wird. Was wir da vorweisen können.

Paulo Coelho hat einmal gesagt: Und wenn du dann vor Gott stehst, wird er dich fragen: Hast du genug geliebt?

Haben Sie genug geliebt in Ihrem Leben?

Wahrscheinlich nicht. Ehrlich gesagt.

Das erstaunt mich – Sie haben doch sieben Kinder ...

Meine Frau und ich haben eine gute Arbeitsteilung. Sie hat sich immer ganz um die Familie gekümmert, und ich bin hundertprozentig Politiker. Meine Liebe ist hauptsächlich in den Völkern aufgegangen. Es gibt Leute, die irgendetwas für sich selbst wünschen. Mein Augenmerk und meine Ziele sind hauptsächlich auf andere gerichtet. Schauen Sie, früher, vor vielen Jahren habe ich mal gesagt, dass es das größte Glück ist, wenn man im Alter noch in Terminnöten ist. Das bin ich.

Welchen Rat können Sie Menschen geben, wie man Gott findet?

Ich denke, sie sollten sich gelegentlich an einem Abend eine Berglandschaft anschauen und sich dann fragen: Ist es denkbar, dass wir so etwas jemals erschaffen haben? Oder noch absurder: Ist es möglich, dass wir uns selbst erschaffen haben? Natürlich, darauf gibt es keine Antwort. Solche Schönheit kann nur von Gott geschaffen sein. Darum hat mir der polnische Vorschlag, in der geplanten europäischen Verfassung vom «Gott der Schönheit» zu sprechen, besonders gefallen. Wer die so genannte Kunst von Nationalsozialismus und Kommunismus betrachtet, wird dieses Wort besonders schätzen: Totalitarismus bringt Hässlichkeit – der Glaube führt zur Schönheit.

Glaube, Liebe HOFFNUNG – und HUMOR.

SUNNYI MELLES entstammt einer ungarisch-finnischen Künstlerfamilie. Sie arbeitet vor allem als Theaterschauspielerin, hat jedoch auch in Filmen von Doris Dörrie und Peter Zadek mitgespielt.

SUNNYI MELLES gehört ohne Zweifel zu den Schauspielern, die dem Ensemble von Dieter Dorn ihre besondere Prägung gegeben haben, nicht nur durch ihr Aussehen und ihre Sprache, sondern vor allem durch ihre Persönlichkeit, mit der sie die verschiedensten Charaktere auf der Bühne zu prägen versteht. Als Gretchen in den Kammerspielen bleibt sie mir unvergessen: Wie sie zuerst so rein und naiv der Versuchung nachgibt und dann bleich und verwirrt die Mutter Gottes um Hilfe bittet. Wir haben sie und ihren Mann immer wieder bei den verschiedensten Anlässen getroffen.

Aber erst in einer Aufführung von «Onkel Wanja» kam mir der Gedanke, dass eine Schauspielerin von ihrem Format, die sich ständig mit dem Inhalt und der Interpretation der großen Klassiker auseinander setzt, die sich also intensiv mit den immer gleich bleibenden Fagen nach dem Sinn unseres Daseins beschäftigt, auch eine interessante Interviewpartnerin sein müsste.

Welche Erfahrung hast du mit dem Tod gemacht?

Als meine Mutter vor vier Jahren starb, hielt ich sie lange in meinen Armen. Dieser Moment bewegt mich immer noch sehr.

Hast du Angst vor dem Tod?

Ja, natürlich. Denn ich will leben!

Was bedeutet Gott für dich ganz persönlich?

Vor allem bedeutet er eine tiefe Verbindung, eine Sicherheit, ein Schutz, gerade jetzt, wo ich die Nabelschnur zu meiner Mutter nicht mehr habe, wo ich aber gleichzeitig selbst eine Nabelschnur bin, für meinen Mann und unsere Kinder. Ich brauche Gott eigentlich in jeder Situation, als Beistand und als Kraft. Manchmal schaue ich wirklich nach oben. Manchmal bete ich mit geschlossenen Augen, wo immer ich auch bin. Durch diesen Gedankenaustausch, bei dem ich nicht unbedingt immer Kraft oder Hilfe erbitte, sondern auch für glückliche Momente dankbar bin, schöpfe ich die Kraft, die ich brauche.

Es ist nicht nur der Anspruch auf Hilfe, sondern es ist eine Kraft, die man erbittet, um selbstverantwortlich handeln zu können.

Sind das die Richtlinien, die du deinen Kindern vermittelst?

Ja, das wünsche ich mir. Meine Kinder leben in dieser Welt, es gibt wissenschaftliche Sendungen und Bücher, die uns erklären: Wie ist die Welt entstanden? Und im Mittelpunkt: Die Entstehung der Menschheit. Das Schöne ist, dass meine Kinder beides wunderbar miteinander vereinen können. Die Bibel mit Adam und Eva im Paradies zu lesen, aber gleichzeitig verstehen zu lernen, wie die Erde entstanden ist. Sie wissen um die Zeit der Dinosaurier, wie sich die Klimazonen auf der Erde veränderten und entdecken die Evolution des Menschen. Für unsere Kinder sind das keine Widersprüche, das Biblische und das Wissenschaftliche.

Betest du zusammen mit deinen Kindern?

Natürlich beten wir – vor dem Essen. Um den Schutz der Eltern, der Cousinen, Onkeln und Tanten, und vieler anderer, die Liste ist lang. Beten ist für uns, an jemanden liebevoll zu denken, ihm etwas Gutes zu wünschen. Und ebenso wichtig erscheint es mir, dass die Kinder auch einen ganz besonderen Ansprechpartner haben, wenn die Eltern einmal nicht da sind. Oft gehe ich mit meinem Mann und meinen Kindern, auch allein, in die Kirche. Dort zünden wir dann eine Kerze an, beten für unsere Lieben und bitten um die Erfüllung unserer Wünsche. Wir tun das überall, wo wir gerade sind, besonders gern in kleinen Kapellen. Meine Schwiegermutter hat ein Marterl im Garten, in dem immer eine Kerze auf dem Altar brennt. Und wir besuchen die Gräber unserer Lieben.

Legst du Wert auf bestimmte religiöse Rituale?

Ich bekreuzige mich immer, wenn ich auf die Bühne gehe, und vor jedem Auftritt. Das habe ich von meiner Mama. Auch gebe ich meinem Mann und meinen Kindern ein kleines Kreuz auf die Stirn beim Abschied.

Der Glaube deiner Mutter scheint dich sehr geprägt zu haben. Was ist dir besonders im Gedächtnis geblieben?

Ihre Toleranz und der Respekt anderen Religionen gegenüber. Meine Mutter sagte: «Die schlimmsten Kriege sind die Glaubenskriege.» Ich stimme ihr da vollkommen zu, wie uns dies die heutige Situation auch immer wieder vor Augen führt.

Diese Toleranz allen religiösen Glaubensgemeinschaften gegenüber versuche ich meinen Kindern weiterzugeben. Sie lernen das auch in der Schule, denn sie haben viele Freunde und Mitschüler, die den verschiedensten Konfessionen angehören.

Ich versuche, in dem Bewusstsein zu leben: Der Mensch denkt, Gott lenkt. Dadurch versuche ich, meine Ängste positiv zu bekämpfen. Geht es dir auch so?

Ohne unser aktives Zutun wird gar nichts entstehen und geschehen. Also ist es meine Aktivität, die für mich die Religion darstellt, nicht ein passives Abgeben meiner Verantwortung an eine höhere Macht.

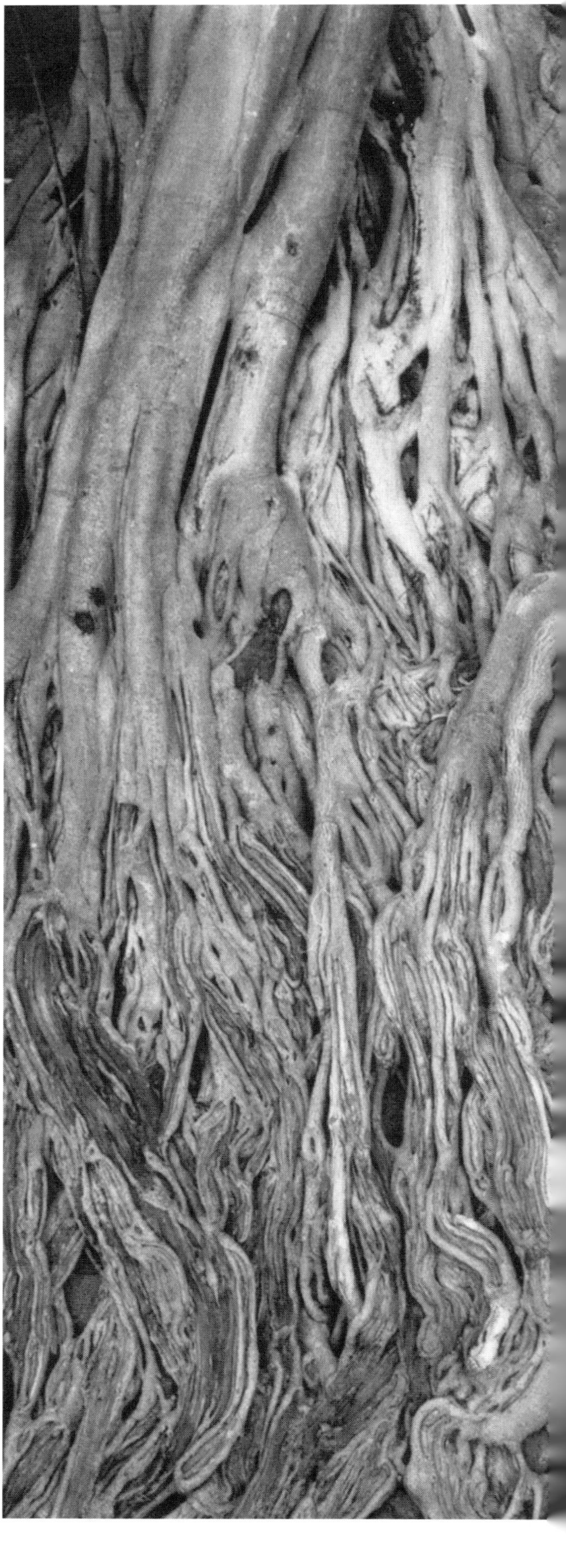

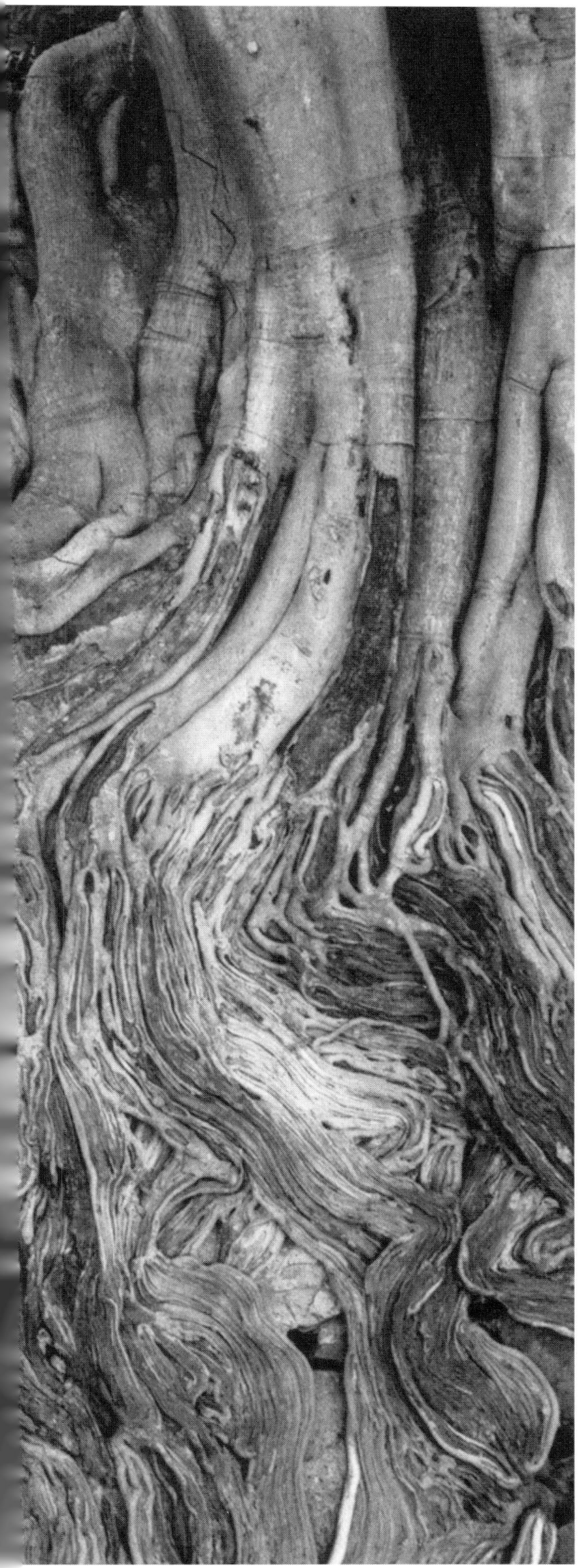

Hörst du eine innere Stimme?

Nein, nie. Wenn, dann nur meine eigene!

Kannst du den Willen Gottes erkennen?

Ich fühle es sofort, wenn ich Unrecht getan habe. Schuldgefühle sind im Übrigen immer umsonst, die brauchst du dir nicht zu erarbeiten. Nichts ist wahrer als die Wahrheit.

Was sind für dich die drei wesentlichen Werte in deinem Leben?

Glaube, Liebe, Hoffnung und als Viertes der Humor.

Der Glaube: an Andere, an das Gute im Menschen, an sich selbst stärkt, auch wenn es nicht immer leicht ist.

Die Liebe: ist für mich meine Lebenskraft. Ohne Liebe kann kein Mensch überleben.

Die Hoffnung: hilft einem, sich und andere nie aufzugeben. Man wird nur stark, wenn man die Probleme, die man im Laufe eines Lebens gestellt bekommt, durchlebt, auch den Tod und den damit verbundenen Verlust und Trennungsschmerz.

Humor: jeden Tag sollte man über sich und mit anderen lachen können.

Das Größte aber unter ihnen ist die Liebe. (I. Ko. 13,13)

Gott
ist in allem
und wir ALLE
sind in
Gott.

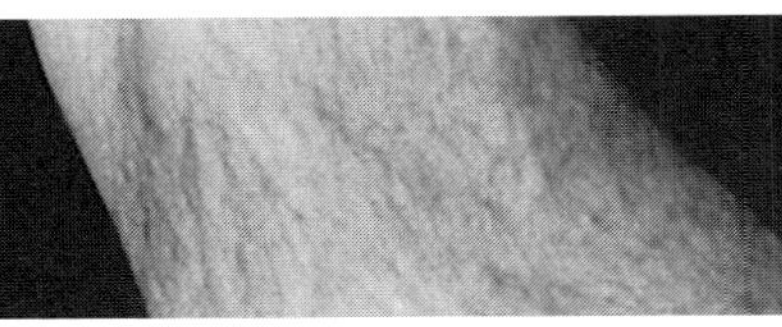

Der Amerikaner THOMAS HAMPSON studierte zunächst Politik und Geschichte, bevor er sich der Musik zuwandte. Inzwischen ist der vielseitige Bass-Bariton weltweit bekannt.

Durch einen ORF-Kulturbeitrag im Rahmen der Salzburger Festspiele wurde ich auf **THOMAS HAMPSON** aufmerksam. Ich kannte ihn bereits als wunderbaren Bass-Bariton internationaler Opernbühnen. Aber in dieser Sendung trat er nicht als Sänger auf, sondern beteiligte sich an einer Diskussion. Das Thema dieser Runde, an der unter anderem auch Nikolaus Harnoncourt und sein Bruder teilnahmen, war der Tod.

Da saß nun dieser ausgesprochen gut aussehende Amerikaner und zitierte europäische Philosophen und religiöse Vordenker. Und was er da in seinem Deutsch mit stark amerikanischem Akzent über das Leben und den Tod äußerte, imponierte mir sehr.

Ich fuhr nach Zürich, wo er gerade an der Oper gastierte, und wir trafen uns im Hotel Dolder. Es war nicht nur die atemberaubende Aussicht auf den Züricher See, die es mir schwer machte, mich auf den Inhalt des Interviews zu konzentrieren. Wenn ich nicht schon vergeben wäre – das wäre ein Mann zum Verlieben.

Placido Domingo hat einmal gesagt: Wenn ich morgen meine Stimme verliere, dann danke ich Gott auf Knien, dass ich sie so lange haben durfte. Könnten Sie auch so denken?

Ja, selbstverständlich. Diese Meinung vertritt ein Künstler mit einem gesunden Menschenverstand, der weiß und zur Kenntnis nimmt, dass es Schicksalsschläge gibt, aber dass diese seinen Glauben nicht erschüttern können. Damit muss man fertig werden. Das ist, wie ein Bein zu verlieren oder etwas anderes Schreckliches. Das Leben von uns Menschen ist immer mit Risiken verbunden. Solche Momente kann man sicherlich leichter überwinden, wenn man gläubig ist.

Sind Sie religiös erzogen worden?

Ja. Ich bin in einer evangelischen, traditionalistischen, ich würde sogar sagen fundamentalistischen Familie aufgewachsen. Wir waren Mitglieder der Seventh Day Adventist Church. Heute glaube ich, dass diese Umgebung mich früh für spirituelle Dinge sensibilisiert hat. Ich bin sehr intuitiv, sehr empfindlich, sehr sensibel. Oft zu sensibel. Wissen Sie, ich bin Krebs mit Aszendent Fische, da ist man so sensibel, dass man sich manchmal selbst beleidigt. Na ja, das gehört jetzt vielleicht nicht hierher. Aber ich bin auch neugierig. Deshalb habe ich früh einen massiven Unterschied zwischen religiösem und spirituellem Leben empfunden.

Ich habe zu unterscheiden gelernt zwischen Religion, also von Menschen geformtem «Glauben», und spiritueller Welt. Letztlich scheint mir die spirituelle Welt wesentlich interessanter, wesentlich offener, wesentlich mysteriöser und unbeantwortbarer zu sein. Glauben im Sinne einer Religion, egal ob jüdisch, katholisch, islamisch oder protestantisch, das sind für mich nur verschiedene Wege. Auch wenn wir alle Gebote dieser verschiedenen Religionen erfüllen, glaube ich nicht, dass uns das näher zu Gott bringt. Vielleicht ist es eine Annäherung an das, was Gott ist. Aber ich glaube einfach nicht, dass nur ein guter Katholik oder ein guter Islamist oder was auch immer den Weg zu Gott finden kann.

Ich habe mich immer sehr für die Herkunft von Symbolen, für die Entstehung von Religionen interessiert. Die Christen haben ja die Religion nicht erfunden, sondern der christliche Glaube hat viele Elemente aus anderen, früheren Religionen übernommen. Das ist an und für sich ein ganz normaler Vorgang. Bedenklich wird das allerdings, wenn eine Kirche sagt, dass sie als einzige im Besitz der Wahrheit ist. Das war auch ein Grund, warum ich mich ziemlich früh von den Seventh Day Adventists getrennt habe. Diese Gemeinschaft ist felsenfest davon überzeugt, den richtigen Weg zu kennen und dass man, wenn man ihre Glaubensregeln befolgt, mit Sicherheit in den Himmel kommt.

Was stellen Sie sich unter Gott vor?

Ich glaube nicht an ein Wesen, das irgendwo da oben sitzt und über Gut und Schlecht richtet. Ich empfinde es auch zunehmend weniger unangenehm, diese Frage nicht beantworten zu können. Es ist mir sogar lieber. Wie soll ich das sagen, das ist schwer zu erklären: Ich glaube auf jeden Fall an Gott. Aber eher in der Form der New Age Leute, als irgendetwas aus Energie und Natur. Für mich ist das so: Gott ist in allem und wir alle sind in Gott.

Was verstehen Sie unter spirituell?

Darunter verstehe ich den merkbaren und unmerkbaren Zusammenhang zwischen allen lebendigen Wesen, egal ob Pflanzen oder Tiere oder Menschen. Ein Mysterium. Das, was wir Leben nennen, hat einen tiefen Zusammenhang mit der gesamten Schöpfung. Dieser lehrt uns, wie wir miteinander umzugehen haben, fordert Respekt. Wenn man erkennt, dass die ganze Welt, dass wir alle eins sind, kommt man ziemlich rasch auf das Mysterium des Lebens.

Märchen, Gedichte, alle geistigen Bücher bis hin zur Astrophysik, die Numerologie, die Astrologie, natürlich auch die Bibel, der Koran oder die Thora, das alles sind für mich verschiedene Aufzeichnungen, Wege, Versuche, dieses Mysterium zu verstehen. Und das ist für mich spirituell.

Ich finde, dass das, was in einer Kirchenandacht passiert, sehr hilfreich sein kann. Aber eigentlich gibt es für mich keine Oper, kein Gedicht oder kein Konzert, das sich nicht mit der Seele des Menschen auseinander setzt, genauso wie ein Gottesdienst in der Kirche an jedem Samstag oder Sonntag.

Ich glaube, es geht immer darum, Fragen zu stellen, zu suchen. Das einzig Unverzeihliche ist, sich ohne nachgedacht zu haben abzuwenden und zu sagen, nein, das brauche ich nicht, das geht mich nichts an. Selbst ein Atheist zu werden fordert ja eine Entscheidung, nämlich zu sagen: Es gibt keinen Gott.

Am schlimmsten sind für mich die Leute, denen alles egal ist. Es gibt da ein altes englisches Sprichwort, welches die Frage stellt: Was ist der Unterschied zwischen Ignoranz und Apathie? – Antwortet jemand darauf mit «Ich weiß es nicht, und es ist mir eigentlich auch egal», tut das weh – wenn jemand sagt, diese Entscheidung interessiert mich nicht, ich lebe irgendwie und ich will nicht darüber nachdenken, wieso und warum.

Unser Instinkt sagt uns doch, dass wir fragen müssen, dass wir eine Antwort suchen müssen, sonst unterliegt man dem Fluch der Langeweile, gedankenlos und ohne Standpunkt. Das ist das, was ich eigentlich als Hades bezeichnen würde. Für mich ist das die Hölle.

Für mich ist die Kunst und vor allem die Musik eine Form, in der sich Gott am meisten offenbart.

Warum?

Kunst folgt dem uralten Trieb, die Geschichte des Daseins zu erzählen, und Gott spielt darin eine große Rolle. Ich lebe mit der Musik und ich reagiere auf sie. Ich brauche die Musik, sie lässt mich aufleben. Sie kann mich ohne viel Mühe in einen Gemütszustand versetzen, den ich sonst nur schwer erreichen könnte.

Das ist doch nur Ihr persönliches Gefühl. Wie kann man nur so was behaupten?

Ich weiß schon, das sagen viele Leute, auch Musiker, die einfach tief bewegt sind von einer bestimmten Musik. Und dann gibt es sicherlich auch Musik, die Schwierigkeiten bereitet. Etwa ein Schostakowitsch-Streichquartett oder irgendetwas Modernes, Atonales, bei dem man denkt: «Um Gottes willen, was ist denn das für ein Krach?» – und dieses schöne Gefühl nicht vorhanden ist.

Ja, ja, das stimmt schon, ich habe auch eigentlich mehr die Klassiker gemeint ...

Na sehen Sie, das ist schon eine Einschränkung. Ich glaube, jeder hat seine eigene harmonische Welt, da wo er sich am besten fühlt. Ich als Musiker habe eine andere als Sie, für mich ist die Moderne eine Erweiterung, eine neue Erfahrung, die meinen musikalischen Radius erweitert hat.

Wenn ich meiner Frau zum Beispiel moderne Musik vorspiele, auch Jazz, der übrigens für mich ebenso ergreifend sein kann wie klassische Musik, macht sie das absolut wahnsinnig. Diese Musik bringt ihr alles andere als ein spirituelles Erlebnis. Das ist für sie Musik, die mit dem, was sie als harmonisch empfindet, überhaupt nicht zusammenpasst.

Ich kann sie mit dieser Musik so weit bringen, dass ihr übel wird, dass sie Kopfschmerzen bekommt, dass sie mich anfleht: Bitte hör auf.

Vielleicht kann man es so zusammenfassen: Wenn Gott in allem ist, dann ist dieser Gott sicherlich auch Teil von Harmonie und Rhythmus. Schwingung.

Jeder Mensch hat Ängste. Können Sie sagen, dass Sie durch Ihr Gottvertrauen weniger Ängste haben, weil Sie wissen, Gott ist bei Ihnen und wird schon alles richtig machen?

Um Gottes willen, so etwas wäre doch furchtbar überheblich. Ich würde Gott niemals so herausfordern. Er hat mir mein Talent gegeben, mein Werkzeug, und jetzt muss ich damit umgehen in meinem Leben. Natürlich brauche ich seinen Schutz, aber ihn herauszufordern wäre vermessen. Wenn ein Mensch ständig Pech hat, hat das seinen Grund. Und dieser Mensch tut mir wahnsinnig Leid. Aber irgendetwas ist nicht in Ordnung. Irgendetwas ist nicht geklärt. Irgendetwas ... gibt es vielleicht einen alten Hass gegen irgendjemand, vielleicht gegen sich selbst? Man sollte sich fragen: Bin ich misstrauisch, auch mir gegenüber? Gibt es irgendjemanden in meiner Umgebung, dem ich Unrecht getan habe? Wenn etwas davon zutrifft, dann erzeugen wir sozusagen unser eigenes schlechtes Karma.

Wenn ich aber glaube, richtig gehandelt zu haben und trotzdem im Unklaren bin, so habe ich ein Recht zu sagen: Bitte hilf mir ein bisschen. Aber nicht einfach: Ich brauche ein Auto oder ich möchte dieses Werk singen, oder: Erhalte mir meine Stimme. Ich bete vor jedem Auftritt. Das heißt, ich weiß nicht, ob man das Gebet nennen kann. Es ist ein Gespräch nicht mit einer Person, sondern mit Mächten, die ich nicht verstehe und deren Zusammenhänge ich nicht begreife. Ich glaube nicht an eine Vorbestimmung. Aber ich glaube, dass man durch sein Verhalten das eigene Schicksal maßgeblich beeinflussen kann.

Sie sind ein gefeierter Star. Sie sind auf der ganzen Welt erfolgreich. Wie leben Sie mit dem Bewusstsein, als privilegierter Mensch auf der Sonnenseite des Lebens zu stehen?

Die Öffentlichkeit sieht nur die eine Seite. Sie haben keine Ahnung davon, wie dunkel die andere Seite sein kann. Der äußere Glanz sagt nichts über ein Künstlerleben aus. Oder nur wenig. Meines Erachtens arbeitet kein einziger wirklich ernst zu nehmender Künstler für die Anerkennung. Applaus ist zwar eine Anerkennung einer Leistung, aber für mich ist es nicht wesentlich, ob da jemand klatscht oder schreit oder Ähnliches.

Das was beglückt, ist die Möglichkeit wiederzugeben, was ich denke, fühle und glaube. Das gibt mir Lebensenergie.

Als Künstler bin ich eine Antenne, eine Tür, durch die das Publikum seine eigene Begegnung erlebt, einen Weg zu seinem eigenen Ich findet. Das hat nichts mit Thomas Hampson zu tun. Ich bin nur dazu berufen, dass ich das wieder lebendig machen kann, was in uns allen möglicherweise darauf wartet, wiedererweckt zu werden. Das ist erfüllend, das ist wunderbar. Und ob das verstanden wird, ob applaudiert wird und die Eintrittskarten wahnsinnig viel kosten oder was auch immer, das sind äußerliche Dinge. Mein Beruf fordert von mir, mich mit meiner künstlerischen Verantwortung ständig auseinander zu setzen. Dass ich mein Geld als Künstler verdiene, ist ein absolutes Privileg. Aber es hat überhaupt nichts mit meiner Qualität als Künstler zu tun.

Die treffendste Definition einer künstlerischen Tätigkeit stammt von Martha Graham, der Choreographin: Der Künstler lebt von einer gesegneten Unzufriedenheit. Das finde ich toll.

Es gibt Momente, in denen man Ruhe findet, aber diese rastlose Unzufriedenheit, ob man wirklich diese Synthese zwischen dem Spirituellen und dem, was Dasein ist, gefunden hat ...

Das ist für mich Kunst. Wie Nikolaus Harnoncourt es so wunderbar gesagt hat: Kunst ist die Nabelschnur zum Göttlichen.

Paulo Coelho hat zu mir gesagt: Wenn du nach dem Tod vor Gott stehst, wird er dich fragen, hast du genug geliebt? Was werden Sie antworten?

Ist es möglich, genug zu lieben? Habe ich anderen Menschen genug Liebe gegeben? Wahrscheinlich werde ich unter Tränen vor Gott knien und sagen, ich habe es wirklich immer versucht. Die Liebe ist doch das Wichtigste im Leben. Demut, Verantwortung und Liebe.

Wie kommt es, dass Sie als Amerikaner so eine Beziehung zur europäischen Kultur entwickelt haben?

Hm ... keine Ahnung. (lacht) Ich lebe seit 1981 in Europa. Hier habe ich meine Wurzeln gefunden. Komischerweise ist mir, je tiefer und je mehr ich mich mit der europäischen Kultur beschäftigt habe, auch klar geworden, wie amerikanisch ich bin. Es hat ja keinen Sinn, nur Amerika zu studieren oder nur Deutschland oder Österreich. Die Wurzeln des modernen Europas, der modernen Welt, basieren ja auf einer menschlichen Elite und nicht auf ein paar nationalen Figuren. Das finde ich schon sehr spannend und interessant.

Was können Sie allgemein zu unserer heutigen Kultursituation sagen?

Wir leben in einer sehr angespannten Zeit. Kunst wird mehr und mehr benutzt und verkommt mehr oder minder zu einer Spielart der Entertainment-Industrie, die die Seele erstickt und keinen Platz lässt für Metaphern. Dabei ist doch die Kunst der Beweis dafür, dass wir da waren und noch für etwas anderes gelebt haben als nur für die Geldvermehrung und die Freizeitgesellschaft. Wenn man den Umfragen glauben darf, so ist heute ein großer Teil der amerikanischen Bevölkerung mehr als früher an spirituellen Fragen interessiert, gleichzeitig ist ein großer Teil fundamentalistischer geworden. Das Wort vom Kreuzzug ist gefallen. Natürlich kann man diese Gruppierung niemals mit fundamentalistischen islamischen Gruppen vergleichen.

Aber ich habe Angst, dass wir in einer Art Endzeit leben. Ich habe Angst, dass alles zusammenbricht, weil in dem Moment, wo es tatsächlich zusammenbricht, ein unberechenbarer Hass unter normalen Menschen entsteht. Und das könnte meiner Familie, den Menschen, die ich liebe, schaden. Das ist Anarchie, die Abwesenheit von Gott. Ich habe schreckliche Angst vor der Abwesenheit von Gott.

Wir können alles verändern. Wir müssen an die göttliche Existenz und Energie glauben und für sie werben.

ANNVS VENTORVM
ANNVS SOLARIS
ANNVS STELLATVS

Wenn man
GOTT nahe
sein will, muss man
DEMÜTIG sein.

PENNY MCLEAN war in den 70er Jahren in Deutschland eine bekannte Schlagersängerin («Lady Bump», «Dance, Bunny Honey, Dance»), bevor sie zur Spiritualität fand. Sie hat zahlreiche Bücher veröffentlicht und lehrt Numerologie.

PENNY MCLEAN Meine Penny ist eine wirklich außergewöhnliche Persönlichkeit! Seit Jahren lerne ich bei ihr Numerologie. Es gibt sicherlich nicht viele Menschen, die auf der Grundlage eines Geburtsdatums und eines Namens den gesamten Schicksalsplan einer Person erkennen und therapeutisch in wenigen Stunden Helfer in der Not sein können. Penny kann es. Wer einmal eines ihrer Seminare besucht hat, spürt, dass sie viele Jahre auf der Bühne gestanden hat und im Showgeschäft erfolgreich war. Ein Seminar bei ihr ist nicht etwa langweiliges Studieren, nein, es ist Entertainment. Sie vermittelt ihr umfassendes spirituelles Wissen mit einem Riesenhumor an ihre ahnungslosen Schüler. Bei ihr habe ich wirklich begriffen, was es bedeutet, dass hier auf der Erde nichts, aber auch rein gar nichts nur positiv oder nur negativ, nur gut oder nur schlecht ist. Das ist keine Binsenweisheit! Man muss es im tiefsten Herzen begreifen: Wo viel Licht ist, ist auch immer viel Schatten.

Liebe Penny, du warst vor zwanzig Jahren eine erfolgreiche Schlagersängerin und bist heute Numerologin und überzeugte Anthroposophin. Hast du nicht den Eindruck, eigentlich mehrere Leben gelebt zu haben?

Nein. Nur, wenn man die Zusammenhänge zwischen den einzelnen Abläufen nicht erkennt, könnte ein gewisser Verdacht entstehen, dass es sich hier um Widersprüche oder Chaos handelt. In Wirklichkeit ist mein Lebensplan in seiner Erfüllung das geniale Konstrukt einer übergeordneten «Schicksalsplanungs-Behörde», die für jeden Bewohner dieses Planeten tätig ist. Ich gebe allerdings zu, dass mein Entwicklungsprogramm in seiner Vielfältigkeit etwas anstrengend war oder, besser gesagt, noch immer ist. Allerdings muss ich zugeben, dass ich sehr große Hilfe von den verschiedensten Lehrern und Beratern bekam, die ich weltweit während meiner Zeit als Pop-Sängerin scheinbar zufällig traf.

Die sind einfach so zu dir gekommen?

Die kamen größtenteils ohne Ankündigung und ohne Erklärung ihrer Herkunft aus einer Anonymität, wohin sie, nach Beendigung ihrer Tätigkeit, auch wieder verschwanden.

Und wie erklärst du dir, aus heutiger Sicht, warum sie kamen?

Sie kamen, weil ich sie dringend nötig hatte und meine geistige Führung gut für mich gesorgt hat.

Aber warum musste dein Leben so viele Kurven machen? Andere Menschen werden Schuster und bleiben ein Leben lang Schuster ...

(Lacht). Du kannst es ja nicht wissen. Aber meine Vorfahren, meine deutschen Ur-Ur-Großeltern und dann nochmals meine österreichischen Ur-Großeltern, haben dieses Thema bereits für mich erledigt. Warum sollte ich also nochmals ...? Nein, im Ernst, ich wollte alle Erfahrungen, alle Talente und alle Möglichkeiten in einem einzigen Leben nutzen. Ich sehe keine zwingende Notwendigkeit, mein Dasein durch die Früchte einer einzigen Tätigkeit fristen zu müssen. Ein ganzes Leben Schlagersängerin – nein danke!

Viele Menschen sagen, sie haben nur ein Leben.

Die Leute haben vollkommen Recht, sofern es das Hier und Jetzt betrifft. Und damit ist man vorerst auch vollauf beschäftigt, denke ich.

Aber du hattest schon mehrere.

Das ist nichts Besonderes: Jeder hat mehrere Leben hinter sich. Aus Gründen, die diesen Rahmen sprengen würden, war es mir leider nicht vergönnt, die Gnade des üblichen «Vergessens» zu genießen, das einen ereilt, wenn man geboren wird. Diese Erinnerungen machen das Leben nicht leichter, aber in seinem Schicksalslauf logischer.

Was warst du im früheren Leben? Hast du dich hinaufgearbeitet?

Zwischen Putzfrau und Staatsbeamtem habe ich so ziemlich alles ausprobiert, was die universelle Berufsvermittlung anzubieten hat. Das hat mir ein sehr breit gefächertes Beurteilungsspektrum vermittelt, aber auch eine Gelassenheit gegenüber dem, was man als «materielle Dekorationen» bezeichnen könnte.

Wann ist unser Lebenspuzzle beendet?

Niemals.

Nie?

Nie!!! Heißt es nicht: Wie du warst vor aller

Zeit, so bleibst du in Ewigkeit? Gott ist ewig, unendlich. Da wir Teile von Gott sind, tragen wir diese Fähigkeit der unendlichen Existenz in uns.

Wer oder was ist Gott für dich?

Für mich ist Gott eine Energie. Zur Erklärung: Energie ist Kraft. Eine Kraft, die durch uns Menschen und durch alle Lebewesen personifiziert wird, durch alles und jedes. Denn alles, was existiert, ist ein Ausdruck Gottes. Gott selbst ist die Kraft, die hinter allem steht, was zum Ausdruck kommen kann. Das heißt, Gott ist ansprechbar durch jeden, der mir begegnet und durch alles, was mir begegnet.

Irgendwann hast du ihn mal mit einem Spiegel verglichen ...

Ich habe gesagt, vor Millionen von Jahren war Gott sicher ein riesiger Kristall oder ein Kristallspiegel, der irgendwann mal vor Expansionslust auseinander barst in Milliarden von feinsten Partikelstäubchen, und diese Stäubchen versuchen nun wieder zurückzufinden, um eines Tages wieder diesen unwahrscheinlichen Kristall zu bilden, der sie ursprünglich waren.

Das ist es, was gemeint ist, wenn es heißt: Unruhig ist mein Herz, bis es ruht in dir, o Herr. Alle Herzen dieser Welt streben letztendlich zurück zu diesem Ursprungsort.

Wann bist du Gott am nächsten?

Ich bin Gott am nächsten ... wenn ich merke, dass Dinge zusammenstimmen, wenn etwas sich wirklich zusammenfügt und zusammenklingt. Ungeplant. Dann sieht man, wie eine höhere Kraft und ein höherer Einfluss wirken. Ein unglaubliches Erlebnis.

Wo hast du das erlebt?

Ach, ich habe es so oft erlebt. In meinem Beruf, beim Bücherschreiben oder bei kleinen, alltäglichen Dingen. Manchmal weiß man nicht, wie man ein Tagesprogramm in den Griff bekommen soll, und mit einem Mal passieren Dinge, die das Ganze fügen, sodass man es doch leisten kann.

Ich nehme diese Fügungsangebote dankbarst an. Und ich bitte vorher darum. Dennoch erwarte ich sie nicht. Ich erwarte nichts. Doch wenn es geschieht, bin ich dankbar.

Es beginnt bei ganz banalen Dingen: wenn ich es eilig habe, und es fährt genau vor mir ein Auto heraus und gibt den Parkplatz frei, den ich brauche. Da bin ich dankbar. Oder wenn ich wieder mal zu spät zum Flughafen unterwegs bin, sage ich: Bitte, ist es möglich, dass das Flugzeug nicht ganz pünktlich fliegt ... Ich muss ehrlich sagen, da habe ich schon Wunder erlebt, die wahrscheinlich nicht mal das Flughafenpersonal hätte erklären können.

Das bedeutet jetzt nicht, dass des lieben Gottes Mannschaft wie die Karnickel springt, wenn ich mir etwas wünsche, aber ich bin in eine liebevolle Organisation eingebunden, die für mich in angemessener Weise sorgt.

Du fühlst dich demnach immer beschützt und kannst in Gott vertrauen ...

Sicher, aber dazu ist auch eine Form von Demut notwendig. Wenn man Gott nahe sein will, muss man demütig sein. Der Begriff Demut hat in den letzten Jahren sehr viel an Qualität verloren. Man stellt sich immer jemand vor, der auf dem Bauch dahinkriecht und sich in Sack und Asche kleidet und sich die letztere aufs

Haupt streut. Doch das ist damit überhaupt nicht gemeint.
Demut heißt einfach, seinen Egoismus nicht gegen einen höheren Willen mit aller Kraft durchsetzen zu wollen. Und die Belohnung dafür ist wirklich dieses Erleben des Sich-Fügens der Dinge von außen. Das heißt, wenn man sich fügt, fügt es sich. Aber zu erkennen, wie und wem und was man sich fügen soll, das ist ein langer Weg. Und mit sehr viel Kummer ge-

pflastert, wie mir scheint, denn nichts ist bekümmerlicher als das eigene Ego. Und nichts ist hartnäckiger. Wenn man sehr reif ist – und wer weiß, ob ich jemals so weit komme –, ist es eine besondere Erfahrung, sich vom Ego zu verabschieden. Man sollte es eigentlich feiern, denke ich.

Was feiern?

Den Abschied vom Ego sollte man feiern, den Weg vom Ich ins Wir, ohne dass wir den individuellen Anteil, den wir im Hier erworben haben, verleugnen. Das halte ich für einen Erleuchtungsweg, einen Initiationsweg. Wir reden übrigens jeden Tag über dieses «Ich im Wir»: immer dann, wenn wir wir(kl)ich sagen.

Betest du?

Ja, dauernd. Das klingt wahrscheinlich total überspannt. Aber ich bin tatsächlich dauernd im Kontakt, im bewussten Kontakt. Das heißt nicht, dass ich den ganzen Tag im konventionellen Sinn bete. Ich bin kein Trappistenmönch. Aber ich frage dauernd nach und sinniere und nehme wahr, ich bin so, ich kann's nicht ändern.

Hast du ein Lieblingsgebet?

Das Vaterunser. Ganz klar. Ich bete es seit 50 Jahren jeden Tag anders, weil ich tagtäglich über jeden Satz nachdenke. Jeden Tag bedeutet er irgendwas anderes. Vater unser, der du bist im Himmel. Was heißt Vater? Was heißt unser? Was heißt du bist? Was heißt Himmel? Und jeden Tag bedeutet es mir etwas anderes. Aber wir haben auch Psalmen. Das sind ja verschlüsselte Wegweiser. Wie zum Beispiel: «Wandelst Du im finsteren Tale, so bist Du Herr mein Stecken und Stab – der Herr ist mein Hirte. Nichts wird mir mangeln. Er weidet mich auf grüner Au. Er lässt mich sitzen an seiner Tafel im Angesicht meiner Feinde». Wunderbar!

Was sind die drei wesentlichen Werte für dich?

Glaube, Hoffnung, Liebe – aber man muss nachfragen, sonst wirkt es nur oberflächlich. Was ist Glaube? Glaube ist Vertrauen, Hoffnung ist die Zukunftsvision, und die Liebe ist die Übergabe an Gott. Dieses Sich-Hingeben an Gott, an diese Liebe fordert einen Vierfachsalto ohne Netz.

Du bist Numerologin. Kannst du bitte mit einfachen Worten erklären, was Numerologie ist?

Numerologie ist das Wissen um das Geheimnis, das sich hinter der Zahlen-Symbolik verbirgt.

Sag mir, was ist das Geheimnis?

Sprich doch einmal das Wort «eins» aus und fühle nach, was du empfindest.

Wie bitte?

Frag nicht. Tu es einfach.

(Unwillig) Eins!

Und jetzt sag: Neun.

(Unwillig) Neun.

Fühlst du den Unterschied?

Ja. Seltsamerweise tatsächlich.

Du fühlst es. Das ist der erste Schritt in das Geheimwissen der Numerologie.

Welchen Rat kannst du Menschen geben, die Gott verloren haben und ihn wiederfinden möchten?

Im Wunsch, ihn wiederzufinden, ist schon die Garantie, dass sie ihm näher gekommen sind. Da braucht man nicht mehr viel zu raten. Viel wichtiger ist die Frage, was kann man für Menschen tun, die sich völlig gottlos fühlen? Sie sind ja nicht ohne Gott. Das wäre, wie wenn ich zu einer Familie gehöre, aber nicht weiß, dass ich ihren Namen trage. Ich gehöre trotzdem genetisch zur Familie. Also wäre gut, wenn jemand kommt und mir Heimat geben würde. Das ist gar nicht so einfach – den Leuten klar zu machen, dass ihr Herz unruhig ist, weil es Gott sucht. Und zwar alle denselben Gott, nicht den gleichen, denselben Gott.

Ich denke, Gott offenbart sich dem am schnellsten und am klarsten, der wertfrei und liebevoll nachfragt, ohne antiquierte Reglements, ohne Institutionen, ohne Dogmatismus. Und vor allem ohne Fanatismus. Und der versucht, sich in jedem Nächsten selbst zu erkennen und zu achten. Das ist der Weg zu Gott. Einen anderen kenne ich nicht.

GLAUBEN ist auch NichtWISSEN.

WOLFGANG JOOP ist einer der wenigen international bekannten deutschen Modedesigner. In seiner langen Laufbahn hat er unter anderem als Filmschauspieler, Unternehmer, Redakteur und Hochschullehrer gearbeitet. Inzwischen schreibt er neben seiner Tätigkeit als Modeschöpfer auch Romane («Im Wolfspelz»).

WOLFGANG JOOP und ich kennen uns schon seit unseren gemeinsamen Designer-Anfängen. Er war immer talentierter als ich, talentierter als die meisten um uns herum. Ich habe schon damals seine Fähigkeit bewundert, in ein paar Sekunden mit wenigen Strichen einen genialen Entwurf hinzulegen. Seine Pelzkreationen waren wahre Kunstwerke, und ich erinnere mich noch ehrfürchtig an seine Frau, die in Hamburg am Ise-Markt, eingehüllt in so ein edles Teil, Gemüse und Obst einkaufte.

Zunächst war es nicht ganz klar, wo wir uns treffen sollten. Zur Wahl stand die Villa in Potsdam, in der er mit seinem langjährigen Lebensgefährten lebt, oder seine Berliner Wohnung, die er mit seinem russischen Lover teilt.

Die Wahl fiel auf die Berliner Wohnung. Wolfgang empfing mich in einem todschicken Adidas-Trainingsanzug, gebräunt und munter wie eh und je. Er wirkt auch heute noch jugendlich dynamisch, trotz aller sichtbaren Hilfen.

Er führte mich durch seine phantastische, supermoderne Wohnung. Überall hängen Bilder russischer Künstler, aber was mich am meisten beeindruckte, war seine Terrasse, auf der Wolfgang einen Rosengarten hingezaubert hat, wie ich noch nie einen gesehen habe. Ein Meer aus blühenden englischen Rosen, und dazu ein Blick von der Museumsinsel bis hinüber zum Alexanderplatz und dem riesigen Fernsehturm.

Nachdem wir alte Erinnerungen ausgetauscht hatten und sein schwarz-weißer, perfekt zum roten Sofa passender Dalmatiner fast noch das Aufnahme-Mikro verschluckt hatte, konnte das Interview beginnen.

Wolfgang, weißt du noch, wie wir Anfang der 80er Jahre in Mailand in den Zug stiegen und erst nach einiger Zeit bemerkten, dass wir in die falsche Richtung fuhren?

Ja, wir wollten nach Como. Zur Stoffmesse. Als wir merkten, dass wir im falschen Zug saßen, lachtest du und hörtest selbst dann damit nicht auf, als wir todesmutig absprangen, irgendwo mitten auf die Gleise, die wir dann kilometerlang entlangwanderten, bis wir endlich ein Taxi fanden. Manfred Schneider, der Modeschöpfer aus München, war auch dabei. Gott hab ihn selig.

Damals saßen wir gemeinsam im falschen Zug. Ich denke, jetzt fahren wir in die richtige Richtung.

Wie meinst du das?

Na ja, ich meine, wir sitzen jetzt hier zusammen und reden gemeinsam über Gottsuche.

Jürgen Habermas, der Philosoph, hat sinngemäß in etwa gesagt: Das Attentat vom 11. September hat in unserer gottlosen Gesellschaft eine religiöse Saite in Schwingung versetzt ...

Ich glaube eher, dass vielen von uns zum ersten Mal die ungeheure Kraft des religiösen Fanatismus bewusst geworden ist. Und fassungslos fragten wir uns, wie und warum wir diese Bewegung so lange übersehen konnten. Mich riss der Morgen des 11. September aus einer Art Hang-over, in dem ich mich viel zu lange befunden hatte. Das Erwachen beendete jedoch keineswegs das Gefühl von Ohnmacht, sondern machte es erst bewusst. Gleichzeitig das Phänomen «Zufall». Warum trifft das Schicksal den einen und nicht den anderen? Nur wenige Stunden zuvor war ich an der Stelle gewesen, an der das Unfassbare geschah. «Nichts ist mehr, wie es mal war!» konnte und kann man noch heute überall lesen oder hören. Aber ich frage mich, was hat sich in uns selbst verändert? Können wir seitdem Zeichen früher lesen? Bin ich wachsamer geworden? Ich glaube nicht. Tiefpunkte im Leben führen meist nur zu der Einsicht, dass man sich mit allerhand Ängsten arrangieren kann. Weder Euphorie, d.h. Glücksgefühle noch Trauer oder Ängste halten lange. Was die Stadt New York betrifft, so hat sich mein Gefühl, meine Einstellung zu ihr geändert. New York stand für das abenteuerliche Versprechen: «Come on, let's get lost!» Die Sünde trug ein elegantes Kleid, und jeder Europäer glaubte, seine Bürgerlichkeit hinter sich zu lassen, wenn er die Stadt betrat. Jetzt suche ich eher nach Heimat. Und diese darf ruhig bürgerlich sein. Es geht nicht mehr darum, anders zu leben, sondern besser. Und dazu gehört Vertrauen und nicht Illusion und Ignoranz. Grenzüberschreitungen machen als Experiment nur Spaß, solange man sicher in seine Grenzen zurückkann.

In meinem Buch «Im Wolfspelz» habe ich über dieses Herumirren in New York geschrieben. Und einer der Protagonisten, der süchtige Josh, ist heute fett und verheiratet. So kann Vergebung auch aussehen.

Und wie sieht sie für dich aus?

Während des Schreibens bin ich noch einmal emotional Achterbahn gefahren. Dann stieß ich auf einen Satz der Philosophin Simone Weill: «Was wir Menschen Schicksal nennen, haben wir selbst gemacht.» Das bedeutet für mich: Gibt dir Gott die Möglichkeit, dich selbst zu begnadigen, so fang doch damit an. Und das Rezept dafür liegt überall aus: Sei demütig und geh nach Hause, wenn du noch eines hast. So verkaufte ich Kunstobjekte aus meiner New Yorker Wohnung, die mich ohnehin nur zu ihrem Pfleger und Betrachter degradiert hatten und investierte das Geld in eine neue berufliche Herausforderung. Die Lust, ein kreatives Risiko einzugehen, ist anhaltender als der Spaß, ein physisches Risiko einzugehen. Nach jeder Klimax kommt die Krise. Das Repetieren dieser Erkenntnis gehört in die lange Zeit der Pubertät.

Bist du in deiner Jugend mit Religion in Berührung gekommen?

Meine Großmutter lehrte mich eine hausgemachte Form von Aberglauben. Dieser kann manchmal recht nützlich sein. Ich lernte auch, die Kraft des Gebets zu schätzen und wende sie gelegentlich auch an. Oft war ich erstaunt oder erschrocken, wie wirksam diese Methode der Konzentration ist. Allerdings habe ich keine Erklärung für diese mystischen Vorgänge. In der protestantischen Kirche und ihren kargen Zeremonien fühlte ich mich stets eher abgekühlt, also suchte ich auch dort nicht nach Trost, wenn ich mein Kreuz mal wieder spürte.

Wieso? Zeremonien sind doch was Schönes.

Na ja, vielleicht die katholischen. Da gibt es mehr Dekoration und das therapeutische «Gestehen» und «Vergeben». Das Protestantentum hat so etwas Bitteres. Meine Kirche wäre nicht von Beuys, sondern von Jeff Koons dekoriert.

Betest du heute noch?

Ja, ich versuche eine Zwiesprache mit diesem Über-Ich, das wohl jeder Mensch spürt. Ich gehe für eine kurze Zeit in mich und äußere dann eine Bitte. Das funktioniert meistens. Manchmal geht auch ein dummer Wunsch in Erfüllung. Da sag ich mir dann, da hast du den Salat. Ja doch, es ist so.

Du bist mit unglaublich vielen Talenten auf die Welt gekommen. Bist du dankbar für diese Begabungen?

Nein.

Wie bitte? Wieso nicht?

Weil ich eine undankbare Person bin. Weil mir immer irgendwas nicht passt. Weil ich finde, dass ich gerade wegen meiner vielen Talente überhaupt keine Zeit für mich habe. Ich würde gern auf die eine oder andere Begabung verzichten und einfach nur schön sein und damit auch zufrieden. Ich glaube, so geht es vielen Menschen, vor allem Frauen.

Was sind für dich die drei wichtigsten Werte im Leben?

Hingabe. Und Treue. Ja, Treue, wahrscheinlich, weil ich so unglaubliche Verlustzustände habe. Ich verlange von allen Menschen bedingungslose Treue, obwohl ich selbst nicht so wahnsinnig treu bin, nein, das stimmt so auch nicht, ich bin nur anders treu. Da geht's dann immer um Wahrheit. Um diesen schrecklichen Begriff. Man müsste lernen zu begreifen, dass jeder das Recht auf seine eigene Wahrheit hat.

Und als Drittes, die Demut. Das ist ein esoterisches Ziel, an dem ich leider immer wieder scheitere.

Was war die glücklichste Zeit in deinem Leben?

Meine Kindheit in Potsdam. Ich war nie wieder so glücklich.

Du hast Geld, du bist berühmt, du hast so viel erreicht, und trotzdem bist du in deinem Herzen nicht glücklich. Da muss doch was schief gelaufen sein.

Nicht nur irgendetwas. Ganz viel ist schief gelaufen. Ich habe wohl dieses narzisstische Problem, dass ich mich erst durch die Liebe und das Begehren eines anderen Menschen glücklich fühle. Das ist vielleicht ein sehr weibliches Problem. Und gleichzeitig leide ich darunter, dass ich mir selbst mit meinen Werten und Talenten nicht genug bin und diese Freiheit nicht nutze, die mir zusteht.

Machst du Gott dafür verantwortlich?

Wie kann ich ihn dafür verantwortlich machen? Nein, natürlich nicht. Er hat mich doch, wie ein Vater, selbst handeln lassen. Die Philosophin Simone Weill hat einmal gesagt: «Die Existenz Gottes erklärt sich dadurch, dass er die Welt verlassen hat, als er sie geschaffen hat. Gott gibt deshalb, weil wir uns nach ihm sehnen. Ähnlich verhält es sich mit dem Phänomen Liebe.»

Glauben ist auch: nicht wissen. Nicht wissen können. Alles wäre anders, wenn wir wissen müssten, wissen sollten. Dieses Nichtwissen halte ich für die größte Gnade, denn es fehlt uns wahrscheinlich der Verstand, das Unfassbare zu fassen.

Wenn du nach deinem Tod vor Gott stehst und er fragt dich, hast du genug geliebt, was wirst du antworten?

Ich hätte gerne mehr geliebt. Ja, aber wie Lieben gemeint ist, habe ich nie ganz begriffen. Theoretisch könnte ich über die Liebe Abhandlungen schreiben, aber persönlich weiß ich, dass ich da immer Fehler mache. Das ist bei mir wohl genetisch eingebaut. Es muss doch mit der Selbstliebe beginnen. Da ist bei mir wohl ein Fehler eingewoben, den ich immer sehen kann, egal welche Pose ich einnehme. Leider.

Welchen Rat würdest du einem Suchenden geben?

Man muss sich dem menschlichen Bedürfnis entziehen, immer alles wissen zu wollen. Wartet man auf Beweise, ob man geliebt wird, hat man des Rätsels Lösung nicht verstanden. Die Ratio versetzt auch keine Berge. Also sollte man sich sagen: Vergiss auch den Schmerz von gestern. Lebe im Hier und Jetzt, lebe im Vertrauen darauf, dass der Sinn des Lebens das Leben selbst ist. Und wer vom Zug abspringt, geht halt ein Stück zu Fuß.

Ich kann auch ohne RELIGION mit GOTT kommunizieren.

ABI OFARIM war Teil des Duos «Esther und Abi Ofarim», das in den 60er Jahren in Deutschland riesige Erfolge feierte (u. a. mit Hits wie «Cinderella Rockefella» und «Morning of my Life»). Der ausgebildete Tänzer arbeitet mittlerweile als Manager, Komponist, Arrangeur und Regisseur. Sein Sohn Gil ist ein gefeierter Nachwuchspopstar.

ABI OFARIM kenne ich aus der Zeit, als ich meine ersten Erfahrungen im Münchener Nachtleben machte. Abi war damals schon ein Star, und, wenn meine Eltern es mir erlaubten auszugehen, saßen wir an seinem Tisch und tranken aus seiner Wodka-Flasche. Das war für mich Luxus pur, mein Taschengeld hätte gerade für einen Soft Drink gereicht. Aber Abi war damals wirklich reich, er war gerade mit seiner Frau Esther auf dem Höhepunkt seines unglaublichen Erfolgs, und «Cinderella Rockefella» war ein Hit, mit dem er über 6 Millionen Platten verkaufte. Esther war an diesen Abenden in Schwabing nie dabei. Sie schont ihre Stimme, sagte Abi. Und dann kam das jähe Ende seiner Karriere, die Ehe zerbrach, Abi musste wegen Drogenmissbrauch ins Gefängnis nach Stadelheim.

Als ich ihm nach vielen Jahren wieder begegnete, war ich voller Bewunderung, wie er diese schwere Zeit weggesteckt hatte. Das habe ich nur mit Gott geschafft, sagte er damals.
Wir verabredeten uns in seiner riesigen Wohnung in Bogenhausen, in der er zusammen mit seinem Sohn Gil lebt. Gil ist ein sehr erfolgreicher und populärer Jungstar. Abi hat ihm ein eigenes Tonstudio eingerichtet und managt ihn. Mit Erfolg, wie man sehen kann.

Abi, du hast in deinem Leben Höhen und Tiefen erlebt. Jetzt machst du einen zufriedenen, ausgeglichenen Eindruck. Wie hast du das geschafft?

Es gab eine Zeit, da war ich seelisch und körperlich am Ende. Ich habe alles verloren. Wenn man erfolgreich ist, denkt man, es kann einem nichts passieren. Mit Geld kann man alles reparieren, aber das ist nicht so. Ein Unglück, und alles ist weg. Ich rede nicht nur von Geld und Besitz, sondern auch vom mentalen Zustand. Man verliert die Orientierung. Und da habe ich Gott gebeten: «Bitte hilf mir, steh mir bei!»

Du wurdest wegen Drogenkonsums verhaftet.

Ja. Ich habe immer geglaubt, ich kann aufhören mit den Drogen, wann ich will. Wenn mir heute jemand diesen Satz sagt, dann weiß ich, dieser Mensch ist total abhängig. Und das war ich. Aber im Grunde war ich noch viel abhängiger von Gott als von der Droge, und das hat mich gerettet. Deshalb bin ich da rausgekommen.

Auf einmal saß ich in dieser winzigen Zelle in Stadelheim. Ich hatte Schmerzen wie verrückt, weil ich auf einen Schlag keine Drogen mehr bekam, und war allein, ganz allein. Bis dahin hatte ich ja gelebt wie Gott in Frankreich. Ich war sehr erfolgreich gewesen, hatte einen Hit nach dem anderen geschrieben, wir waren monatelang in den Charts, die Königin von England überreichte mir einen Orden – und dann dieses Loch von 2 × 2,5 Meter. Und das Ganze für lange vier Wochen. Das wünsche ich niemandem. Aber diese Zeit war wichtig für mich, denn ich habe verstanden, dass Gott und mein Glaube mir helfen konnten, von den Drogen loszukommen und mein Leben wieder in den Griff zu bekommen.

Bist du von deinen Eltern religiös erzogen worden?

Nicht wirklich. Eher traditionell. Wir wohnten gegenüber der Synagoge. Ich habe mit den anderen Kindern draußen gespielt, während die Eltern drinnen waren. Kinder können nicht so viele Stunden beten wie die Erwachsenen.

Meine Eltern sind zu den großen Feiertagen in die Synagoge gegangen, aber religiös im strengen Sinn waren sie nicht. Aber ich habe immer gebetet. Allerdings anders als heute. Damals habe ich mir ein Fahrrad gewünscht und es auch zu meiner Bar-Mizwa bekommen. Aber das ist natürlich kein wirkliches Gebet. Als Kind versteht man das noch nicht. Bedauerlicherweise betet man immer nur, wenn einem etwas fehlt oder wenn es einem schlecht geht. Wenn du klein bist, gehst du zu Mama. Und wenn du älter bist und keine Mama mehr da ist, dann ist Gott die Mama. Denn Gott ist immer da.

Bist du ein religiöser Mensch?

Ich bin gläubig, ich glaube an Gott, aber ich habe Angst vor Religionen. Religion führt zu Fanatismus und zu Terrorismus. Wie viele Menschen mussten sterben während der Kreuzzüge, der Eroberung Amerikas, bei der Inquisition? Juden, Moslems, die auf dem Scheiterhaufen brannten, weil sie nicht Christen werden wollten. Schau dir die religiösen Fanatiker an, die sich und andere in den Tod stürzen. Fundamentalistische Moslems versprechen ihren Attentätern das Paradies und obendrein noch 70 Jungfrauen, die dort auf sie warten sollen. Das hat doch wirklich nichts mit

Gott zu tun! Das kann nicht der Weg sein, den Gott will. Die Religionen sind deshalb so mächtig geworden, weil sie die Ängste der Menschen benutzen und ihnen ein besseres Leben in einer anderen Welt versprechen, wenn sie in ihre Gemeinschaft eintreten.

Was ist also dein Weg zu Gott?

Ich habe mich im Laufe meines Lebens mit verschiedenen Religionen auseinander gesetzt, bis ich verstanden habe, dass ich keine «Vermittler» brauche, keine Priester, keine Rabbiner, keine Kirche. Es ist schön, wenn Menschen zusammenkommen und beten. Aber dass sie dafür Kirchensteuer zahlen müssen, das finde ich nicht korrekt. Es kann doch nicht sein, dass man Geld bezahlen muss, um in Kontakt zu Gott zu kommen.

Ich gehe meinen eigenen Weg, ich bete auf meine Art. Ich habe eine direkte Connection zu Gott. Dass ich bis heute am Leben bin, nach diesen vielen Ups und Downs, verdanke ich nur meinem Glauben an ihn. Ich kann auch ohne Religion mit Gott kommunizieren.

Dein Glauben hat sich also im Laufe der Jahre verändert.

Nicht verändert, ich würde sagen, entwickelt. Der Mensch bleibt immer ein Mensch, aber die Umstände um ihn herum verändern sich. Ich glaube, man muss lernen zu begreifen, dass nichts negativ ist. In dem Moment, in dem du einen Fehler machst, lernst du doch bereits daraus. Du hast erkannt, dass es ein Fehler war. Das ist etwas Positives. Für mich ist das keine Veränderung, sondern eine Entwicklung.

Was bedeuten dir Traditionen?

Ich liebe Traditionen, sie sind etwas Wunderschönes. Jede Religion hat ja ihre Tradition. Ich habe Esther in der Synagoge geheiratet. Mit der Scheidung war es dann schon schwieriger, weil der Rabbiner nicht damit einverstanden war.

Ich gehe heute noch zwei-, dreimal im Jahr mit den Kindern in die Synagoge. Wir feiern Neujahr, Jom Kippur, Pessach und Chanukka. Ich bete gern in der Synagoge, aber das tue ich aus Tradition an Festtagen.

Im Alltag brauche ich keine Synagoge, um mit Gott zu kommunizieren. Wenn du Gott liebst, brauchst du keinen Vermittler. Wenn ich eine Frau liebe, tue ich das ja auch ohne Vermittler. Ich brauche keine French Connection, ich habe meine direct connection.

Was ist Gott für dich?

Ich kann Gott nicht definieren. Wer bin ich denn, dass ich ihn definieren könnte? Ich weiß nur, dass er existiert. Ohne ihn gibt es kein Leben und keinen Tod. Das kann man nicht beschreiben, das ist zu groß, daran muss man einfach glauben. Menschen, die keinen Glauben haben, tun mir Leid.

Für mich ist Gott in allem, auch in mir. Er hilft mir zu atmen, er gibt mir meine Kraft. Vor allem ist Gott Liebe.

Früher habe ich Liebe und Sex in einen Topf geworfen. Das war falsch. Sex ist für mich eine körperliche Funktion des Menschen, wie essen und trinken. Sex ist nicht identisch mit Liebe. Sex allein ist so eine Art billiger Abfall von Liebe. Ein Geschäft. Genauso wie die Kirchensteuer. Das ist auch ein Geschäft. Aber Liebe ist kein Geschäft, weil man Liebe nicht kaufen kann, und Gott schon gleich gar nicht. Diese Zusammenhänge habe ich damals nicht gesehen. Für mich war Sex Ausdruck von Erfolg, aber auch ein Versuch, meine Unsicherheit zu verschleiern. Ich habe zwar von Liebe gesprochen, aber ich hatte Sex, um mich selbst zu bestätigen.

Heute ist Liebe für mich etwas ganz anderes, etwas Pures, etwas, das über allem steht.

Hast du nie gezweifelt?

Mein Sternzeichen ist Waage, Waagen zweifeln immer. Wenn ich sehe, was alles auf der Welt passiert, dann frage ich Gott manchmal: «Wie kannst du so etwas erlauben?» Ich kapiere nicht, warum ein sechs Monate altes Baby durch eine Bombe sterben muss, oder alle diese Naturkatastrophen, die so viele arme Unschuldige treffen ... Aber das hat auch alles mit Gott zu tun. Die Antwort darauf kenne ich nicht, so weit bin ich nicht.

Wie gehst du mit deinen Ängsten um?

Wenn die Menschen älter werden, wollen sie sich aussöhnen mit Gott, dann gehen sie in die Kirche. Schau dir die Kirchen an, die meisten der Menschen darin sind alt. Aber auch die Jüngeren haben Angst. Auch wenn man sich sagt, es kommt alles, wie es kommen muss – in jedem steckt die Angst vor der Ungewissheit. Die meisten Menschen haben Angst vor dem Tod. Ich nicht. Ich habe Angst davor, als Pflegefall im Rollstuhl zu enden. Am liebsten wäre es mir, schnell zu Gott zu kommen, aber das liegt nicht in meiner Hand.

Was würdest du einem Menschen raten, der nicht weiterweiß?

Glaube an dich selbst, dann kannst du auch an Gott glauben. Du bist ein Stück von ihm. Wenn du nicht an dich glaubst, kannst du nicht an Gott glauben. Dann wirst du von anderen Leuten beeinflusst und machst blöde Sachen. So einfach ist das.

Für mich ist SPIRITUALITÄT überall.

DIANA SANDMANN war jahrelang Sportfotografin und lernte so Franz Beckenbauer kennen, mit dem sie über zehn Jahre liiert war. Sie ist eine anerkannte Astrologin.

DIANA SANDMANN Ich glaube nicht an Zufälle. Alles fällt einem zu, weil es einen großen Zusammenhang gibt.

Die folgende Begebenheit bestärkte mich in meiner Meinung.

Nach einer Bandscheibenoperation musste ich für zwei Wochen in eine Reha-Klinik am Tegernsee. Ich nahm die Unterlagen aller bisher geführten Gespräche mit, um sie in Ruhe bearbeiten zu können. Franz Beckenbauer spricht in seinem Interview mit großem Respekt von Diana Sandmann, mit der er lange zusammenlebte. Ich weiß, dass Frau Sandmann eine ausgezeichnete Astrologin ist, und ich hatte schon vor der Operation mehrfach versucht, sie telefonisch zu erreichen, um sie für ein Interview zu gewinnen. Aber immer meldete sich nur ihr Anrufbeantworter.

Ich überließ mich also all den nötigen und unnötigen Behandlungen der Klinik und erholte mich langsam.

Meinen seelischen Trost fand ich in einer zauberhaften kleinen Kapelle, die direkt am Seeufer lag. Ich ging täglich dorthin, um zu beten. In dieser Kapelle lag ein Bittbuch aus, ein Buch also, in das jeder, der an diesem Platz vorbeikam, etwas handschriftlich eintragen konnte. Viele Gedanken, Zweifel, aber auch liebevoll formulierte Danksagungen konnte man da nachlesen.

Eines Tages kam ich wieder wie gewohnt in die Kapelle, sah das aufgeschlagene Buch und las: «Danke für das Sein». Das Datum war vom selben Tag, und die Unterschrift lautete: Diana Sandmann. Ich stürzte, soweit es mein lädierter Körper erlaubte, hinaus ans Seeufer. Sie musste doch noch in unmittelbarer Nähe sein! Nachdem ich ein paar verdutzte Spaziergänger vergeblich mit «Frau Sandmann?» – ich wusste ja nicht, wie sie aussah – angesprochen hatte, rief ich am Abend desselben Tages noch einmal bei ihr an. Und tatsächlich, sie hob ab. Ich erzählte ihr, was vorgefallen war. Wir konnten es beide nicht fassen.

Danach vereinbarten wir einen Interviewtermin.

DER BEGRIFF GOTT wurde von den Menschen geschaffen, so wie die verschiedenen Religionen auch. Für mich ist Gott erhaben über alle Religionen. Er ist eine Energie, die viel größer ist als dieses Leben, als diese Welt. Diese Energie ist in jedem von uns. Spirituell zu sein bedeutet für mich, dass ich die Verbindung mit dieser Energie spüre. Leider wird der Begriff Spiritualität oft missverstanden. Nicht unbedingt diejenigen sind spirituell, die dem Alltag und scheinbar Profanen entfliehen oder in ferne Länder zu einem Guru pilgern. Das sind Suchende, die von hier weggehen in dem Glauben, die Antwort nur an einem fernen Ort oder in einer fremden Kultur zu finden. Für mich ist Spiritualität überall zu finden.

Ich komme aus einem gemischt religiösen Elternhaus – Mutter katholisch, Vater evangelisch. Sie waren beide gläubig, im guten Sinne. Mein Glaube heute ist ein anderer als damals. Er hat sich mit mir im Laufe des Lebens gewandelt, weiterentwickelt, ist ein gelebter Glaube geworden.
Ich bete jetzt weniger. In der Kindheit waren es katholische Gebete, eigentlich auch nichts anderes als Meditation. Wenn du hundert Rosenkränze betest, dann kommst du durch die ständige Wiederholung der immer gleichen Worte in einen meditativen Zustand.
Heute bete ich gerne ein indianisches Gebet. Ich habe wenig mit indianischer Kultur zu tun, weiß viel zu wenig darüber. Ich schöpfe jedoch viel Kraft aus der Natur. Beim Spazierengehen kommt mir häufig dieses Gebet in den Sinn:

Mutter Erde, trage mich
Vater Himmel, beschütze mich
Schwester Sonne, wärme mich
Bruder Wind, durchpuste mich
Lebensodem, durchströme mich.
Ich bin ein Kind der Schöpfung
und darf aus ihr schöpfen,
wenn ich erschöpft bin,
um neu schöpferisch zu sein.

Die Geschichte lehrt uns, dass die wirklich hochspirituellen Menschen ein sehr einfaches, arbeitsames und unspektakuläres Leben führen. Im heutigen und hiesigen Leben ist Penny McLean ein gutes Beispiel: Eine spirituelle Frau, die ganz wirklichkeitsnah lebt, Talent und Fleiß miteinander verbindet und sehr viel Humor hat. Jean Scully, der einen Lehrstuhl an der Münchner Kunstakademie hat und einer der großen international anerkannten Künstler ist, zeigt in und durch seine Bilder und in seinen Vorlesungen, was Spiritualität ist.
Der Mönch, der seinen Garten in Indien bestellt, seinen Tee anpflanzt und in der Einsamkeit der Berge meditiert, lebt auf diese Weise seine Spiritualität. Wir hier sind in eine andere Kultur eingebunden. Im Hier und Jetzt mit dem Alltag zurechtzukommen, das eigene Leben zu meistern und eine Inspiration zu spüren, die man vielleicht den göttlichen Funken nennen könnte, das ist für mich Spiritualität.

Als Astrologin kann ich den Menschen dabei helfen, das Hier und Jetzt zu gestalten, das Leben zu meistern, sich mit ihren tiefsten Ressourcen zu verbinden. Meine Aufgabe ist es, sie

an ihre Intuition heranzuführen, ihnen ihre Potenziale bewusst zu machen. Gottes Wille können wir eigentlich nur erkennen, indem wir uns selbst erkennen. Jeder Mensch hat eine andere Möglichkeit, einen anderen Zugang. Der eine findet Gott vielleicht in der Bewegung, indem er läuft oder tanzt. Der andere setzt sich hin und hört ein Musikstück und hat ein göttliches Gefühl. Der nächste findet Gott in einem Satz, den er gerade liest, und begreift so das Göttliche im Augenblick. Es ist sehr unterschiedlich und vielfältig. Der eine hat viele Momente dieser Art, der andere wenige. Außerdem gibt es Menschen, die wollen Gott gar nicht finden, dann muss man sie auch lassen und achten.

Ich habe mich ein ganzes Leben mit Astrologie befasst, schon als Kind viel darüber gelesen und wusste auch, dass meine Mutter zu einer Astrologin ging. Meine Mutter starb sehr früh, und Frau Euler, ihre Astrologin, damals schon hochbetagt, wurde meine erste Lehrmeisterin, gefolgt von der Hamburger Astrologin Hannah Quaet-Faslem. Das waren die sechziger und siebziger Jahre. 1989 bis 1992 studierte ich an der Schule von Wolfgang Döbereiner. Es folgten ungezählte Workshops bei Luise Kirsebohm und Johan Hjelmström, zwei Dänen, die mich in der Stundenastrologie fit gemacht haben.
Das ist ein Zweig der Astrologie, durch den man die Gunst des Augenblicks erkennen und für den Alltag nutzen kann. Die Franzosen sagen *bonheur* für Glück – gute Stunde. Auch in diesen Wörtern: Astronomie = nomos – Raum der Sterne. Astrologie = logos – Geist der Sterne ist schon so viel enthalten.

Die Astrologie entwickelte sich in den mesopotamischen Reichen Babylon und Assyrien. Die frühesten bekannten Aufzeichnungen stammen aus der Zeit des babylonischen Königs Ammisaduqa, etwa 1700 v. Chr. Die Astrologie, die einen in Grade unterteilten Tierkreis benutzt, entstand erst nach 400 v. Chr. Sie beschäftigte sich ausschließlich mit dem Wohlergehen des Königs und des Staates. Das früheste bekannte individuelle Geburtshoroskop stammt aus dem Jahre 410 v. Chr. Über Jahrtausende hinweg befasst sich die Menschheit mit Astrologie, nimmt sie zu Hilfe, verpönt sie, verbietet sie, missbraucht sie und und und ...

Ich bin glücklich, dass ich mich tief in dieses Urwissen der Menschheit hineinbegeben habe. Ich glaube, dass wir selbstbestimmte Wesen sind, die Aufgaben – Lernaufgaben – in dieser Inkarnation zu bewältigen haben. Wie wir das machen, bleibt uns selbst überlassen. Natürlich können wir unsere Möglichkeiten in einem begrenzten Rahmen umsetzen. Eine Begrenzung ist dabei unser Körper, eine andere der Ort, an dem wir auf die Welt kommen. Ich kann nicht als Apfelbaum Birnen haben, dafür kann ich als Birnbaum die schönsten Birnen tragen.

Die Astrologie ist ein Instrument, das uns hilft, mehr über uns zu erfahren, einen ganzheitlichen Blick für uns zu bekommen. Dadurch wiederum können wir unser Leben beeinflussen. Die Astrologie beeinflusst unser Schicksal nicht. Sie ist wie ein Barometer, das zeigt das Wetter an, aber es macht das Wetter nicht.

Treffend für meine Arbeit finde ich das Goethe-Zitat: «Wer die Menschen behandelt, wie sie sind, macht sie schlechter. Wer die Menschen behandelt, wie sie sein könnten, macht sie besser.»

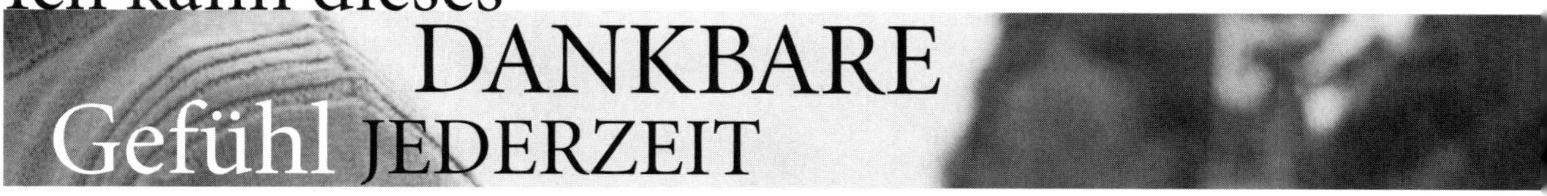

Ich kann dieses DANKBARE Gefühl JEDERZEIT ansteuern.

TOM JACOBI kam durch Axel Springer jr. zur Fotografie, arbeitete viele Jahre als Fotoreporter und später als freier Fotograf in den USA und Europa, bevor er Art Director beim «stern» wurde.

TOM JACOBI Als ich das erste Mal das Verlagshaus Gruner und Jahr in Hamburg betrat, war ich von der außergewöhnlichen Architektur und dem weltstädtischen Ambiente tief beeindruckt. Der Grund für meinen Besuch hier war meine Hoffnung, den «Stern» für mein Buch-Projekt zu interessieren. Mit ein bisschen Herzklopfen betrat ich das Büro des Chefredakteurs. Thomas Osterkorn begrüßte mich sehr freundlich und stellte mir einen gut aussehenden Kollegen aus der Chefetage vor. Es war Tom Jacobi, Art Director beim Stern und unter anderem verantwortlich für die international anerkannte Qualität der Fotografien des Magazins.
Ich hatte eine ganz bestimmte Vorstellung davon, wie mein Buch aussehen sollte, und zeigte den beiden Herren ein ausdrucksvolles Foto, auf dem Reinhold Messner abgebildet war. Es stellte sich heraus, dass dieses Foto tatsächlich von einem Stern-Fotografen stammte. Einige Minuten später saß Volker Hinz neben mir. Ich konnte es nicht fassen!
Kurz vor Ende des Gesprächs verließ Tom Jacobi das Büro und kam mit einem dicken Fotoband zurück. Er trug den Titel «Wo Gott wohnt», und er hatte ihn zusammen mit seinem Vater Claus Jacobi veröffentlicht. Er war drei Jahre unterwegs gewesen, um die Fotos für dieses Werk zu machen, sagte er, nahm einen eleganten Füllfederhalter aus der Brusttasche seines Maßanzuges, schrieb eine Widmung hinein und überreichte es mir mit einem festen Händedruck.
Glücklich über den Verlauf des Gesprächs lief ich am Hafen entlang und betrachtete das geschäftige Treiben auf dem Wasser. In einer Hafenkneipe genehmigte ich mir ein Bierchen und blätterte in diesem Buch, das von einem goldfarbenen Umschlag umhüllt war. Ich las die Widmung «Das Feld ist bestellt» und dachte, dass ein Mensch, der so lange hartnäckig seine Vision verfolgt hatte, bestimmt ein interessanter Interviewpartner sein müsste. Und so war es dann auch.

Herr Jacobi, Sie haben die Fotos zu einem Buch gemacht, das zu meinen Lieblingsbüchern gehört. «Wo Gott wohnt» zeigt in beeindruckenden Aufnahmen die wichtigsten religiösen Stätten auf dieser Welt. Wie kam es zu diesem Buch?

Ich hatte schon jahrelang diesen sentimentalen Wunsch, ein Buch mit meinem Vater zu machen. Wir hatten immer schon ein Thema gesucht und kein geeignetes gefunden. Irgendwann einmal bin ich für zwei Monate nach Los Angeles gegangen, ich wollte mir eine Auszeit nehmen. Los Angeles war für mich so etwas wie der Beginn einer persönlichen Pilgerreise. Es gab kaum einen Kurs, den ich nicht besucht habe. Ob das nun «Energiearbeit», «Tibetanische Mystik» oder «Labyrinthformen» war.

Während eines Seminars über chinesische Baukunst hat es plötzlich «Klick» gemacht, und ich hatte die Idee glasklar vor Augen. Ich wusste, das ist es. In «Wo Gott wohnt» zeigen wir die wichtigsten mythischen Plätze dieser Welt, um die Ursehnsucht der Menschheit nach Gott zu demonstrieren.

Mein Vater fand die Idee genauso gut, und so machten wir uns an die Arbeit.

Sie waren meistens allein unterwegs. Sie hatten keinen Auftraggeber, haben alles selbst finanziert. Die Arbeit an diesem Buch dauerte drei Jahre. Wie haben Sie das durchgestanden?

Ich bin vom Typ her kein Marathonläufer. Ich bin eher ein Sprinter, also ein Mensch, der intensiv und kurz arbeitet. Deshalb habe ich schon manchmal gedacht, mein Gott, so ein langes Projekt. Aber wissen Sie, ich bin Steinbock. Der lässt nicht nach. Wenn er seinen Weg klettert, dann hört er erst auf, wenn er oben ist. Es hat ja auch Spaß gemacht, und dann gab es natürlich auch Pausen innerhalb dieser drei Jahre.

Früher war ich auch entweder als Reporter oder als Werbefotograf viel auf Reisen, aber immer für andere. Jetzt ging es um mein Thema. In dieser Zeit gab es kaum einen Tag, an dem das Wort Gott nicht einmal in meinem Kopf auftauchte. Natürlich war es anstrengend, aber es war auch immer spannend.

Ich glaube auch, dass man diese monatelangen einsamen Reisen nur bewältigt, wenn man mit sich selbst im Reinen und auch in der Lage ist, in sich selbst hineinzuhorchen. Sonst latscht man nur plump durch die Welt und kann sich an nichts erfreuen und übersieht die wichtigen Dinge.

Sind Sie religiös erzogen worden?

Nein. Überhaupt nicht. Ich bin zwar getauft, aber ich war nur ein paar Mal in einer Kirche. Erst mit der Arbeit an dem Buch habe ich angefangen, mich mehr in Kirchen herumzutreiben.

Und, haben Sie durch Ihre Arbeit herausfinden können, wo Gott wohnt?

Ich bin kein religiöser Mensch, aber ich bin sehr gläubig. Ich hatte schon vor diesem Buch meinen Glauben und musste nicht herausfinden, dass es so was wie einen Schöpfer gibt oder eine schöpferische Kraft, ob man die nun Gott nennt oder wie auch immer. Aber natürlich gab es am Anfang dieser Arbeit vielleicht die unbewusste Sehnsucht, mal irgendwo an irgendeinem Ort in der Welt um die Ecke zu kommen, und da steht ein alter weiser Mann und sagt: «Willkommen mein Sohn, ich habe auf dich gewartet. Jetzt weihe ich dich in die Geheimnisse des Lebens ein.» Das gibt es ja, dass große spirituelle Meister ihren Weg dadurch gefunden haben, weil ein anderer Meister sie an die Hand genommen und sie geführt hat.

Sind Sie so einem Meister begegnet?

Ich habe bald erkannt, dass das gar nicht nötig

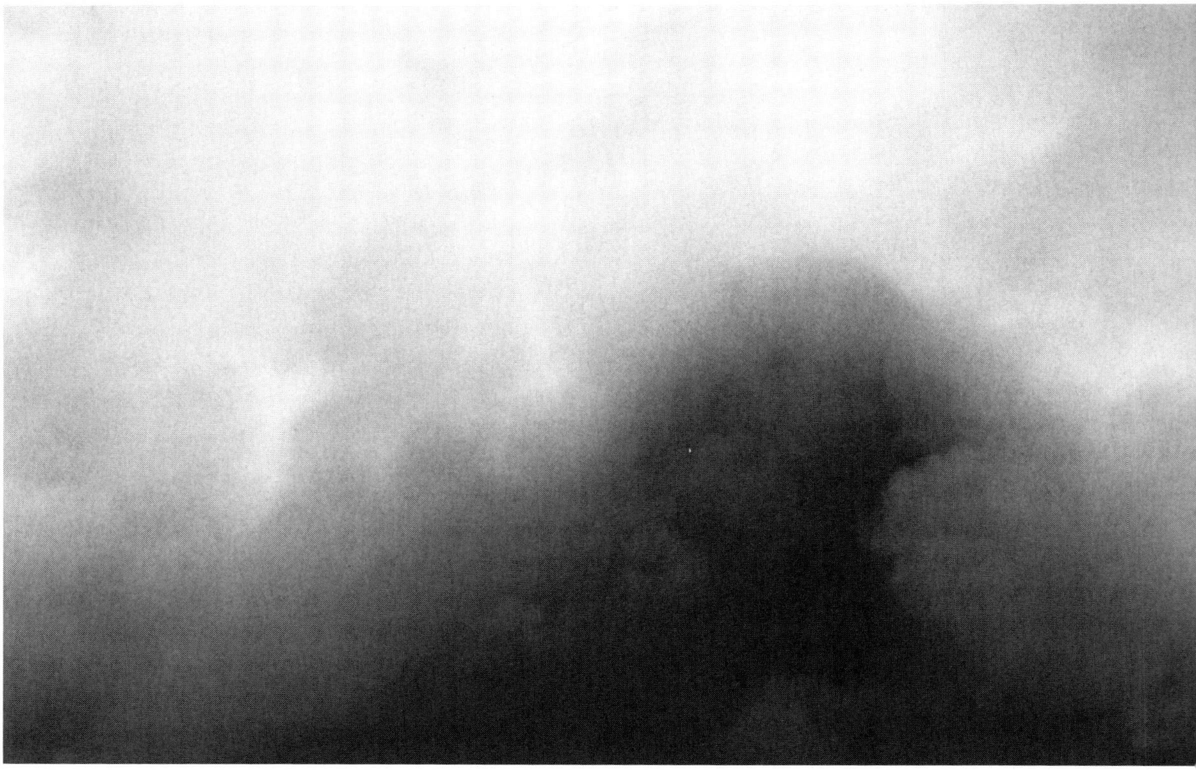

ist. Ich glaube, dass dieses Wissen um die Nähe von Gott oder um die schöpferische Kraft, ich will das nicht immer so christlich Gott nennen, in jedem von uns vorhanden ist. Und ich glaube, dass es unterschiedliche Wege gibt, an dieses Wissen zu kommen, es freizulegen. Die Frage ist nur: Bin ich bereit, mich mit mir selbst zu beschäftigen, mich so mit mir auseinander zu setzen, dass ich das, was in mir verborgen ist, freischaufeln kann?

Ist es Ihnen gelungen, diesen Weg für sich «freizuschaufeln?»

Ja. Aber manchmal lasse ich es ein wenig schleifen. Gerade im Alltag. Wenn man ein volles Tagesprogramm hat und auch eine gewisse Anerkennung, die sich ja eher in weltlichen Dingen manifestiert, dann ist es schon schwerer, sich mit sich selbst zu beschäftigen. Vielleicht ist es leichter, eine Stunde zu meditieren und über den Sinn des Lebens nachzugrübeln, wenn man morgens aufwacht und nicht weiß, was man eigentlich zu tun hat. Das ist momentan in meinem Zeitplan nicht drin.

Beten Sie? Und wofür beten Sie?

Im Moment läuft alles so rund, da bin ich ein bisschen nachlässig geworden. Aber wenn ich bete, ist das nie mit Wünschen verbunden, sondern mehr mit Demut und Dankbarkeit.

Ich kann dieses dankbare Gefühl jederzeit ansteuern.

Wann haben Sie dieses Gefühl der Demut und Dankbarkeit zum ersten Mal gespürt? Sie sind ja, wie Sie sagen, nicht religiös erzogen worden.

Um dieses Gefühl für sich zu erkennen, muss man nicht in die Kirche gehen. Es gibt verschiedene Möglichkeiten herauszufinden, dass es etwas gibt, das größer ist als wir und das viel wichtiger ist als das, womit wir uns tagtäglich beschäftigen.

Ich hatte eine Kindheit, die geprägt war durch eine schwere Krankheit, an der ich beinahe gestorben wäre. Ich hatte dabei Erlebnisse, von denen ich damals meinte, sie seien aus Fieberphantasien entstanden. Vielleicht war es so, aber vielleicht war das auch irgendeine Form von übersinnlicher Erfahrung.

Meine Mutter hatte eine Freundin, die sich damit beschäftigte, mit den Seelen der Verstorbenen Kontakt aufzunehmen. Für mich war das ganz normal. Ich wuchs also in einer Welt auf, in der es ganz normal war, weiter zu schauen, als es das Auge vermag.

Was bedeutet der Begriff «spirituell» für Sie?

Ach, dieses Wort ist so abgegriffen, dass man sich eigentlich scheut zu sagen, ich bin spirituell. Ich glaube, es bedeutet, die Bereitschaft anzuerkennen, dass es mehr gibt, das unser Leben bestimmt, als das, was man sehen, riechen oder anfassen kann und was wissenschaftlich erklärbar ist. Ich glaube, es gibt eine höhere Ordnung der Dinge, die nach anderen Kriterien abläuft, nach Kriterien, die nicht erklärbar, aber trotzdem da sind. Das bedeutet für mich spirituell.

Ich bin auch ein Kopfmensch und zur Analyse fähig, aber wenn es wirklich darauf ankommt, vertraue ich mehr denn je meinen Instinkten, meinen Intuitionen. Das ist auch eine Anerkennung des Spirituellen.

Einstein hat schon gesagt: Die höchste Form der Intelligenz ist Intuition. Da hat er völlig

Recht. Im Übrigen hat er auch gesagt, dass er die Basis seiner Relativitätstheorie im Traum gefunden hat.

Glauben Sie an die Vorbestimmung unseres Schicksals?

Es beschäftigt mich enorm, ob es festgelegt ist, dass der Zug in Hamburg losfährt und in München endet. Und ob die Frage, wie man die Fahrt im Zug verbringt, unsere persönliche Entscheidung ist.

Da bin ich ein bisschen hin- und hergerissen. Es kann sein, es kann aber auch nicht sein. Ich weiß es nicht.

Darüber hinaus glaube ich an Reinkarnation.

Da gibt es eine nette Geschichte von zwei Freunden, die sich versprechen, wer immer von ihnen beiden zuerst stirbt, erscheint dem anderen danach in der dritten Nacht im Traum und sagt ihm, wie es drüben ist. Als dann der eine stirbt, erscheint er dem anderen in der dritten Nacht. «Und, wie ist es?» «Ganz anders, als du denkst», antwortet der verstorbene Freund und verschwindet.

Ich freue mich auf den Tod, weil man dann endlich Antworten auf all diese Fragen bekommt, deren Antwort man nie kennen wird, solange man lebt.

Sie freuen sich auf den Tod?

Ich freue mich auch übers Leben. Aber ich habe keine Angst vor dem Tod. Sterben heißt für mich nach Hause gehen. Denn letztlich ist das Zuhause nicht hier, wo wir leben, sondern das Zuhause ist da, wo wir herkommen. Und dann machen wir diese Schleife auf der Erde, die auch wunderschön ist, und dann gehen wir wieder nach Hause. Angst habe ich vor Siechtum, Krankheit, Schmerzen, aber nicht vor dem Tod. Ich glaube, dass mir, wenn ich auf meine Intuition vertraue, nichts wirklich Schreckliches passieren wird. Ich halte mich für behütet und beschützt.

Was sind Sie für ein glücklicher Mensch!

Nein, bin ich gar nicht. Es gibt viele Momente, in denen ich melancholisch oder schwermütig bin. Dieses Urvertrauen, das ich habe, hat nichts damit zu tun, dass mein Selbstvertrauen zu erschüttern ist. Wenn mir einer sagt, ich liebe dich nicht, dann nützt mir in diesem Moment das Urvertrauen in das große Ganze auch nichts. Ich bin wie jeder Mensch verletzbar und verunsicherbar, trotz der Gewissheit, im Großen und Ganzen behütet zu sein.

Sie haben einen harten Job. Sie stürmen in der Früh hierher in die Redaktion, arbeiten konzentriert, müssen sich täglich behaupten, es geht um Anerkennung, um Geld und um all diese Dinge ...

... inklusive Dinge wie Hauspolitik, Intrigen, und vieles, was in einem großen Haus so gang und gäbe ist.

Trauen Sie sich denn unter solchen Umständen vor Ihren Mitarbeitern darüber zu reden, dass Sie ein gläubiger Mensch sind?

Ich habe keine Probleme, auch in einer großen Runde zu sagen, dass ich ein gläubiger Mensch bin. Aber in unserer Branche gibt es zu viele Zyniker, zu viele kopfgesteuerte Menschen. Da bin ich eher zurückhaltend.

Können Sie denn dann Ihre innere Haltung auch in Ihren Beruf einfließen lassen?

Das ist natürlich mitunter ein Konflikt. Für das, was ich tagtäglich mache, braucht man schon eine gewisse Robustheit. Leider kommen dabei die Werte, die mir wichtig sind, manchmal etwas unter die Räder. Aber es ist mir aufgefallen, dass es mehr und mehr Menschen gibt, die sich mit diesem Thema auseinander setzen, teilweise knallharte Manager, die im Tagesgeschäft eine Härte an den Tag legen, die ich nicht habe und die ich vielleicht auch gar nicht haben möchte. Das ist eine interessante Entwicklung.

Was ist für Sie der Sinn des Lebens?

Der Sinn des Lebens ist für mich, sich mit dem Sinn des Lebens zu beschäftigen. Was dabei herauskommt, weiß man nicht. Aber ich glaube schon, dass die Seele mit dem Auftrag oder der Hoffnung auf Reisen geht, dass der Mensch auch etwas daraus macht.

Ob er jetzt ein gläubiger Mensch wird oder ob er seine Bestimmung im Leben woanders findet – es geht darum, die Seele zu komplettieren.

Welche Religion ist Ihnen heute am nächsten?

Jede Religion, die ich kennen gelernt habe, ist dogmatisch, verurteilend und belehrend. Ich halte es nach meinem Glaubenssystem für absolut ausgeschlossen, dass der liebe Gott jemals beurteilt und wertet, jemals unterscheidet in gut und böse, falsch und richtig. Religion ist für mich immer etwas, was der Mensch in seiner Unvollkommenheit über das gestülpt hat, was der Schöpfer uns mit auf den Weg gegeben hat. Dadurch, dass der Mensch sich selber zum Hüter und Richter des Glaubens ernannte, meinte er, unverzichtbar zu werden. Es ging wie immer um Macht.

Es gibt keine Religion, die zu meinem kleinen, selbst gestrickten Glauben passt. Die Buddhisten sind zwar lustig und nett und mir am sympathischsten, aber auch sie sind dogmatisch und belehrend.

Was möchten Sie in diesem Leben noch erfüllen?

Ich hätte mir gewünscht, an irgendeinem Punkt in meinem Leben den Mut gehabt zu haben, ausschließlich für den Glauben zu leben und dafür alles andere aufzugeben. Das habe ich in letzter Konsequenz nie getan, und ich glaube auch nicht, dass ich das jemals tun werde. Aber den Mut zu einem solchen Entschluss habe ich bei anderen immer bewundert.

Sosehr ich mich auch damit beschäftige und versuche, sinn-voll (im wahrsten Sinne des Wortes) zu leben, so bin ich doch noch weit davon entfernt.

Wenn es GOTT gibt, kann es letztendlich keine HÖLLE geben …

EUGEN DREWERMANN ist katholischer Theologe und der bekannteste Vertreter der tiefenpsychologischen Auslegung der Bibel. 1991 entzog ihm die katholische Kirche deshalb die kirchliche Lehrerlaubnis. Seitdem ist Drewermann als Psychotherapeut und Schriftsteller tätig.

EUGEN DREWERMANN stand für mich von Anfang an ganz oben auf der Liste meiner Wunsch-Kandidaten. Trotz seiner Auseinandersetzung mit der katholischen Kirche hat er sich offenbar seinen tiefen Glauben bewahrt.
Einen Termin mit ihm zu bekommen ist nicht gerade einfach, denn er besitzt kein Telefon. Man muss einen Nachbarn anrufen, der ihm dann die Nachricht über den Flur bringt. Aber irgendwie habe ich es geschafft, mich mit ihm zu einem Gespräch zu verabreden.
Die Fahrt von München nach Paderborn im Zug dauert über vier Stunden. Ich hatte also genügend Zeit, mir meine Fragen durch den Kopf gehen zu lassen. Ich wollte einen guten Eindruck hinterlassen und mich nicht blamieren. Ich testete mein Aufnahmegerät und bemerkte zu meinem Schrecken, dass ich dringend neue Batterien brauchte. Natürlich hatte der Zug auch noch Verspätung, und Drewermanns Nachbar war über das Handy nicht zu erreichen ... Kurzum: Ich kam zu spät.
Drewermann öffnete mir schon leicht verärgert die Tür, wies darauf hin, dass er nur wenig Zeit habe und bat mich herein. Ich murmelte eine Entschuldigung und betrat den Flur, in dem so viele Bücher am Boden herumlagen, dass ich Mühe hatte, ins Arbeitszimmer vorzudringen, wo noch mehr Bücher aus den Regalen quollen und überall gestapelt waren.
Während ich begann, über mein Buch zu sprechen, versuchte ich möglichst unauffällig, die Batterien meines Rekorders zu wechseln und das heillos verwickelte Kabel meines Mikrofons zu entwirren. Es war schrecklich.
Jeder andere hätte mich spätestens jetzt vor die Tür gesetzt. Nicht so Eugen Drewermann: Er erbarmte sich meiner, nahm die Kassette aus meinem Aufnahmegerät, steckte sie in sein Diktiergerät, und das Interview konnte beginnen.
Nie wieder habe ich jemanden so druckreif und fließend über dieses schwierige Thema reden hören. Und selten war ich so dankbar wie an diesem Tag, an dem ich praktizierte Nächstenliebe erfahren durfte.

Sie standen im Dienst der Kirche. Sind Sie religiös erzogen worden?

Ich bin religiös erzogen worden. Ja, ich darf sagen, dass die Eindrücke, die mich seit Kindertagen begleitet haben, mir die Religion als unabdingbar haben erscheinen lassen. Die kirchliche Erziehung war für mich eher entfremdend, denn sie verhängte Denktabus und vermittelte eine strikt moralisierende Weltbetrachtung. Kurz: Von der offiziösen religiösen Lehre weiß ich nicht ganz viel Gutes zu berichten. Aber um Angst zu überwinden, braucht der Mensch ein absolutes Gegenüber des Vertrauens. In einer Umgebung des Vertrauens sind wir auch fähig zur Liebe. Die Botschaft Jesu ist mir deswegen sehr wichtig geworden.

Wer oder was ist für Sie Gott?

Ich glaube, dass es keine Empfindung, keine Erfahrung gibt, die den Menschen tiefer betrifft, als die Liebe. Darum stimme ich dem ersten Johannesbrief zu, wenn er sagt: Gott ist die Liebe. Nur die Liebe vermag unser Leben ganz werden zu lassen.

Immer wenn ein Mensch einen anderen trifft und in der Liebe eine Gemeinsamkeit mit ihm bildet, die beiden erlaubt, zu sich selber zu reifen, öffnet sich in den sonst sehr dicken, lichtundurchlässigen Gefängnismauern dieser Welt ein Fenster ins Unendliche. In der Liebe versprechen wir einander ständig eine Art von Begleitung, Beistand und Zuversicht, die wir als irdische Wesen niemals einhalten können. Und so sagen wir liebend einander Worte, die eigentlich nur in Gottes Mund wirklich sind.

Die Liebe ist eine Sehnsucht ins Unendliche, die nur dort ihre Erfüllung findet.

Wie finden Sie zur göttlichen Energie?

Als Martin Luther auf der Wartburg 1521 das erste Kapitel des Lukas übersetzen wollte mit dem Gruß des Engels an Maria, sah er, dass die lateinische Übersetzung des Ave Maria weder philologisch korrekt ist noch den Sinn der Stelle trifft: «Gegrüßet seist du voll der Gnaden.»

Luther schreibt in seinem Sendbrief zum Dolmetschen: Ich hätte schreiben sollen: «Es grüßt dich Gott, du liebe Maria.» Luther hat klar gesehen, dass, wenn Gott zu Menschen redet, er niemals anders spricht als in den Worten der Liebe. Und umgekehrt sind alle Worte von Liebenden die Sprache der Engel.

Sie haben sich sehr mit der Bergpredigt auseinander gesetzt. Für viele Menschen birgt die Bergpredigt eine essenzielle Aussage. Können Sie mir sagen, warum?

Man versteht die Bergpredigt nicht richtig, wenn man sie als eine Art von Supergesetzlichkeit oder Supermoralismus interpretiert. Genau umgekehrt. Sie ist ein Versuch, eine Welt zu malen, wie sie sein müsste, damit die Ärmsten, die Schwächsten, die Ausgestoßenen nicht immer wieder unter die Räder der Mächtigen, der Reichen, der Starken geraten. Sie ist ein Versuch, menschliches Verhalten so zu beschreiben, dass sich an die Stelle von Angst Vertrauen setzt, an die Stelle von Gewalt Güte und dass statt sozialen und psychischen Zwängen Freiheit und Offenheit ermöglicht werden.

Man kann über die Bergpredigt und ihre Anwendbarkeit eigentlich nur so lange diskutieren, wie man sich dem Wahn hingibt, sie nicht wirklich zu benötigen. Für jeden, der glaubt, mit zwei Beinen sicher auf der Erde zu stehen, ist sie eine Bedrohung, eine absolute Revolution. Ein Umsturz in allem.

Jemand, der auf der Straße sitzt, weiß, dass er zum morgigen Tag nur kommt, wenn sich irgendwo ein paar Augen und Hände für ihn öffnen. Ein solcher kann nicht warten. Er hat auch keinen Gesetzestitel, mit dem er Mitleid einfordern kann. Aber für ihn ist Barmherzigkeit die Lebensgrundlage. Sie ist das gesamte Ge-fühl Jesu, das ist der Kern seiner Botschaft. Sie finden wir kondensiert in der Bergpredigt. Manchmal genügt ein bisschen Krankheit, um zu merken, dass es sich genau so verhält.

Haben Sie durch Ihren Glauben zu einer allumfassenden Liebe gefunden?

Ich glaube schon, dass Mitleid ein unmittelbares Gefühl in uns allen ist, und zwar nicht nur in Bezug auf andere Menschen, sondern auch in Bezug auf Tiere. Der Glaube wird im religiösen Sinne nötig, um diese ethische Tatsache zu rechtfertigen. Denn im Raum der darwinistisch interpretierten Evolution hat Mitleid nur einen peripheren, wenn überhaupt einen Stellenwert.

Was bedeutet für Sie spirituell?

Offen gestanden weiß ich mit dem Wort nicht viel anzufangen. Es ist ein Begriff, der zwischen rational und emotional eine Art mystische Weltbetrachtung vermitteln soll, an die ich nicht recht glaube. Mir scheint wichtig, dass Menschen energisch denken und energisch fühlen, und dass beides eine Einheit wird. Das Ganzsein des Menschen ist die wahre Spiritualität, zu der natürlich die Erfahrung einer Wirklichkeit gehört, die nicht rein «empirisch» ist. Aber das Wort spirituell selbst ist viel zu sehr an die Kirchentradition gebunden, um ohne weiteres noch eine überzeugende Bedeutung haben zu können.

Hören Sie eine innere Stimme?

Ich verbringe mindestens die Hälfte der meisten Tage mit psychotherapeutischen Gesprächen. Das ist ein wichtiger Versuch, auf die innere Stimme bei sich selbst und anderen zu hören.

In Ihre Arbeit als Psychotherapeut binden Sie auch Ihren Glauben ein, Ihre religiöse Lehre.

Indoktrination ist niemals Teil der Psychotherapie. Sie ist das gerade Gegenstück zum therapeutischen Vorgehen. Aber Glauben als Vertrauen ist ein Kernstück des Umgangs miteinander.

Mir hilft die Religion sehr, an Menschen oft viel mehr zu glauben, als diese selbst in ihrem ganzen Leben an sich glauben können. Ich lasse mich auf ein bis dahin unbekanntes Leben ein und entdecke im Verlauf vieler Gespräche, wie abgründig und tief die jeweiligen Konflikte sind. Von außen kann keine Hilfe kommen. Und wie stark die Selbstheilungskräfte der Psyche eines Menschen sind, lässt sich nicht prophezeien oder gar befehlen. Trotzdem begleite ich den anderen weiter. Dieses oft paradoxe Moment ist für mich praktiziertes Christentum in der Therapie.

Welche großen Denker sind Ihre Vorbilder?

Ich habe zweifellos von Arthur Schopenhauer, Sigmund Freud, Jean-Paul Sartre, also von drei großen Atheisten, mehr und Besseres über den Glauben gelernt als in vielen Hunderten theologischen Vorlesungen.

Glauben Sie an Wiedergeburt?

Ich denke, keine Religion weiß, was im Tode passiert. Aber jede Religion hat eine Reihe tröstender Bilder. Wiedergeburt, Auferstehung, Himmelfahrt, neue Schöpfung, Unsterblichkeit sind fünf verschiedene Varianten, die im Grunde alle dasselbe ausdrücken möchten, nämlich dass unser Leben eine Chance behalten sollte zu reifen, bis es bei sich selbst ankommt. In diesen wenigen Jahrzehnten der irdischen Existenz ist das nicht möglich. Darum brauchen wir eine Perspektive, die weit über den Tod hinausgeht.

Was sagen Sie jemandem, der glauben möchte, aber nicht glauben kann?

Fast immer, wenn Menschen sagen, dass sie an Gott nicht glauben können, sagen sie damit, dass sie sich einsam fühlen, dass sie niemanden wirklich kennen, der sie so lieb hat, dass sie mit ihm übers Eis und durchs Feuer gehen könnten, dass sie durch den Verlust von Nähe und Vertrauen sich tief verletzt und enttäuscht fühlen. Kein Mensch sagt, dass er nicht an Gott glaubt, weil ein philosophisches Problem ihm nicht lösbar scheint. Aber diese Fragen nach Nähe, nach Liebe, nach Vertrauen, nach persönlichem Sinn entscheiden. Es geht zu wie in Goethes Werther: Ein glücklich Verliebter wird in allen Dingen der Welt Bilder und Zeichen von Führung und Weisheit sehen. Ein Verzweifelter wird in denselben Dingen nichts weiter erblicken als Unglück und Zerstörung. Das liegt nicht an den Dingen, sondern an unserer gefühlsmäßigen Befindlichkeit, die die Wahrnehmung formt und über die eine oder die andere Sicht entscheidet.

Ich sehe ein unglaubliches Fortschreiten der Einsamkeit. In München ist schon jeder zweite Haushalt ein Singlehaushalt. Alte Menschen müssen heutzutage in Seniorenheimen das Alter verbringen. Wie ist es zu dieser Entwicklung gekommen?

Ich denke, wir sollten jetzt nicht über die Folgen der wachsenden Urbanisierung, über die Entwicklung der Alterspyramide in Deutschland, über die Zersiedelung von Wohngebieten und über das Auseinanderreißen ehemaliger Großfamilien sprechen.

Was sich wirklich abspielt, wenn es um Einsamkeit geht, ist das Verdumpfen und Verdampfen energischer Gefühle des Mitempfindens, des Mitleids, des Engagements. Wir geraten in eine Rentnermentalität von erwartetermaßen Wohlversorgten und sind dann erschrocken, dass der Stand unseres Kontos uns keine vernünftige Antwort darauf gibt, wofür wir leben. Wir können in der Karibik eine Kreuzfahrt buchen, aber das macht unser Leben nicht sinnvoller. Wenn wir hingegen für irgendetwas auf der Welt wirklich da sind, ob das die Hauskatze ist oder der Singvogel im Garten oder vielleicht die Nachbarin, die genauso einsam ist wie wir selber, oder für ein wirkliches Anliegen, für das sich der Einsatz lohnt, können wir zu Hause alleine sein, soviel wir wollen – wir werden niemals einsam sein.

Gibt es für Sie eine Hölle oder ein Strafgericht Gottes?

Wenn es das gäbe, gehörten da die Theologen hinein, die verkünden, dass es sie gibt: die Hölle. Man muss sich nur umschauen auf dieser Welt und unsere Wirklichkeit betrachten

mit den Augen Jesu, dann wird man uns Menschen überall als arme Teufel sehen, die mitten in der Hölle sitzen und dabei sehr fleißig sich selbst und den anderen die Hölle möglichst heiß oder möglichst kalt zu machen versuchen. Es ist wahr, dass wir oft anderen nicht wirklich helfen können, um aus ihren Zuständen der Verzweiflung, Einsamkeit und Verlorenheit herauszukommen. Aber dass Gott genauso ein Stümper ist, kann ich mir nicht vorstellen. Wenn es Gott gibt, kann es letztendlich keine Hölle geben, denn die Vorstellung der Hölle beschreibt eine Welt voller Angst, eine Welt ohne Liebe.

Wie stellen Sie sich die Zukunft der katholischen Kirche vor?

Seit 500 Jahren zeigt sich, dass die katholische Kirche sich nicht zu verändern wagt oder sich nicht verändern will. Im 16. Jahrhundert, der Zeit der Reformation, hat sich ganz Nordeu-

ropa von der Kirche Roms abgespalten. Im 18. Jahrhundert die Aufklärung: die Intelligenz Europas wird abgespalten vom Dogmatismus der Kirche Roms. Im 19. Jahrhundert die Arbeiterbewegung: die sozialen Fragen lassen die Kirche immer mehr im Bürgertum zurück. Im 20. Jahrhundert die Frauenbefreiung, die Emanzipation. Die Frauen haben in der Kirche Roms bis heute keine eigene Stimme, keine wirkliche Mitsprache.

Wenn wir die Glaubenssuchenden in der Moderne, die aufgeklärt Gebildeten, die Arbeiter, die Frauen und die Jugendlichen von der Kirche subtrahieren, haben wir nur noch Kirchenmäuse unter leeren Kirchenbänken –, eine Grabkammer, ein Museum oder ein Mausoleum voller ehrwürdiger Kulturgüter.

Zu fürchten steht, dass die Kirche, würde sie sich aufs Leben einlassen, merken würde, dass sie sich in einem Zustand befindet, in dem jeder Kontakt mit der Wirklichkeit infektionsgefährlich ist. Sie würde erkennen, dass sie kein Immunsystem besitzt, ähnlich wie Eskimos gegenüber der Grippe. Man hat sich so lange vor dem Leben abgeschottet, dass die Begegnung mit dem Leben inzwischen tödlich ist.

Hat die christliche Religion etwas, was andere Religionen nicht haben?

Unbedingt. Das Christentum unterscheidet sich etwa vom Judentum, aus dem Jesus kam, oder vom Islam, der sich auf das Christentum und das Judentum beruft, dadurch, dass es keine Gesetzesreligion ist, sondern eine therapeutische Religion sein will. Im Mittelpunkt steht die Frage, wie man Menschen von ihren Ängsten befreien kann, die die Seele verheeren und bis in den Körper hinein Krankheiten und Wahnzustände produzieren können. Keine andere Religion betont so sehr, dass man auf Angst nicht mit Mut und Entschlossenheit antworten kann, sondern nur mit Verstehen, Begleiten und Güte, die imstande sind, ein neues Vertrauen zu formen.

Wie stellen Sie sich die ideale Kirche vor?

Als eine gute Mischung aus Markus 10 und Matthäus 23: «Lasst ihr euch nicht Vater nen-

nen, nicht Lehrer nennen, nicht Meister nennen. Ein Einziger ist euer Vater, Lehrer und Meister, der im Himmel ist», sagt Jesus da; und: «Wer unter euch groß sein will, der sei Diener aller.»

Wozu also brauchen wir Heilige Väter und die Wahrheitsbindung an autoritär verwaltete Amtsträger?

Die letzten 200 Jahre in Europa haben eine demokratische Kultur hervorgebracht. Von ihr müssen die verfassten Kirchen langsam lernen, dass die Impulse der Aufklärung in der Bibel selber liegen.

In Therapiegruppen glaube ich manchmal ein gutes Modell für die Art zu finden, wie Kirche sein müsste. Sie hätte den Zweck zu dienen, die Einzelnen in einem Raum offener Aussprache zu sich selber und zueinander zu führen. Stattdessen macht gerade die Kirche Roms sich zum Selbstzweck und zum eigenen Thema über den Menschen und an den Menschen vorbei.

Wie kann man den Willen Gottes erkennen?

Ich glaube, jeder weiß im Grunde, was er tun sollte und wozu er da ist. Aber dann kommt ein bisschen Angst und wir machen alles anders. Das ist das ganze Problem.

Ich muss Ihnen gestehen, ich habe noch nicht genau herausgefunden, wozu ich hier bin. Auch für mich eine sehr persönliche Frage: Gibt es eine Vorbestimmung für mein Leben? Oder habe ich es doch sehr in der Hand?
Können Sie mir da eine Antwort geben?

An Vorherbestimmung mag ich nicht glauben. Aber dass unser Leben durch die frühkindlichen Erfahrungen weitgehend determiniert ist, dass der Einfluss der Gene, wie wir die nächsten 20 Jahre noch verstärkt sehen werden, überraschend groß ist, dass die Festlegungen durch unseren sozialen Standard eine immense Bedeutung haben, das alles kommt natürlich zusammen. Gleichwohl besteht unser Leben darin, zu den vorgegebenen Fakten Stellung zu nehmen, sie sich bewusst zu machen und zu sehen, wie sich die Faktizität in den eigenen Lebensentwurf integrieren lässt. Entscheidend ist dabei, dass wir selber wissen, wohin wir wollen. Ein Stein vor unseren Füßen kann für alles Mögliche gut sein. Wir selber müssen wissen, was wir gerade vorhaben. Je nachdem ist der Stein für uns ein Hindernis, eine Sitzbank, ein geologisches Fundstück, ein Geschenk, das wir schon immer mal jemandem machen wollten. Die Dinge können alles sein. Was sie sein sollten für uns selber, müssen wir herausfinden in Übereinstimmung mit unserer eigenen Persönlichkeit.

Sie sagten gerade, es liege so viel in den Genen, und das würden wir in den nächsten 20 Jahren noch besonders erfahren. Was meinen Sie damit?

Dass wir seit 1952 überhaupt wissen, dass es DNA-Stränge gibt und dass wir innerhalb der letzten 40 Jahre enorme Fortschritte gemacht haben beim Entziffern des genetischen Codes. Dabei können wir jetzt nur das Alphabet lesen. Aber wir haben noch keine Ahnung, wie sich die Wörter und Sätze, wie sich die Grammatik zusammensetzt. Wir müssen die Sprache der Natur auf der Ebene der Biologie gerade eben jetzt lernen. Aber die Zuversicht ist groß, dass uns das in erstaunlich kurzer Zeit gelingen wird. Bis dahin sollten wir es den Firmen in den USA verbieten, hoch bezahlte Patente dafür zu erwerben, dass sie die Wörter des genetischen Codes glauben «verbessern» zu können, ohne den Sinn des Satzes, in dem sie vorkommen, oder des Abschnitts, in dem der Satz steht, auch nur entfernt schon begriffen zu haben.

Jesus sagt, «Selig sind die Armen im Geiste». Könnten Sie mir diesen Spruch interpretieren?

Man müsste ihn richtig übersetzen, dann würde er heißen: «Glücklich nenne ich die Menschen, die ihre Armut kennen und sich dazu bekennen».

Ich bedanke mich sehr herzlich.

Bitteschön.

DER
BAUM
BIST
DU

Dies Leben ist nicht Frommsein,
sondern ein Frommwerden,

nicht ein Gesundsein,
sondern ein Gesundwerden,

nicht eine Ruhe,
sondern eine Übung.

Wir sind noch nicht, wir werden's aber.

Es ist noch nicht getan,
es ist aber im Schwang.

Es ist noch nicht das Ende,
es ist aber der Weg.

Martin Luther (1483–1546)

HERZLICHEN DANK an alle meine Interviewpartner, die den Mut hatten, sich zu diesem Thema zu äußern und mir dafür so viel Zeit geschenkt haben,
Katharina Naumann, meine Lektorin, die mir liebevoll und mit großer Geduld zur Seite gestanden hat,
Thomas Osterkorn und Tom Jacobi, die an dieses Projekt geglaubt haben,
Karolin Leyendecker, die mit niemals endender Energie die Fototermine der Interviewten koordinierte,
ganz besonders Volker Hinz, der allein und immer in Eile durch ganz Europa jettete, um seine großartigen Fotos zu schießen, die dieses Buch so ungeheuer bereichern,
Manfred Bissinger, der mir mit seinem professionellen Rat so manchen Weg geebnet hat,
Penny McLean, die als Lehrerin und Begleiterin auf dem spirituellen Weg eine große Hilfe war,
Tanja Valerien, die mir von Anfang an zu diesem Buch Mut gemacht hat,
Esther von Krosigk, die bei meinen ersten schriftstellerischen Gehversuchen eine große Stütze war,
Christian Reinisch und Sascha Helen, die keine Mühe gescheut haben, mir mit ihren Kontakten weiterzuhelfen.
Ihnen und allen anderen wie Marie Waldburg, Andrea Stubenberg, Dr. Christian Meiser, Brigitte Anselment, Susanne Söffker, Dr. Gerhard Hösl, Beatrix Baumgartner, Barbara Bauermeister, Luitgard Rheinwald, Carla Rehm, Gaby Frederking, Dr. Gabriela Sperl, Herbert Arnoldy und Stefanie Cerny, die dazu beigetragen haben, dieses Buch entstehen zu lassen:
VIELEN, VIELEN DANK!

Ich danke Gott, dass er mir die Kraft gegeben hat, dieses Projekt zu Ende zu bringen.

FOTONACHWEIS

Alle Fotos Copyright © Volker Hinz,
ausgenommen:
Seite 11: Knechtel/laif
Seite 16: Herzau/laif
Seite 76: Stephan Pick/Roba Press
Seite 90: Ullstein-Swiridoff/Museum Würth
Seite 95 und Seite 99: Bernhard Kühmstedt/Vanit
Seite 100: Hubert Burda Stiftung
Seite 107: Erik Hackenschmidt/Roba Press
Seite 121: Regina Recht

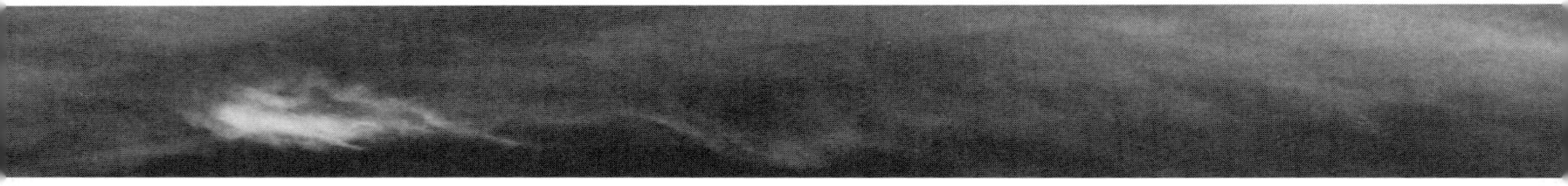